Reiner Backer

Windows 7

Fehlerbehebung

VRB Verlag Reiner Backer

Impressum

VRB Verlag Reiner Backer

Eingetragen: Amtsgericht Aichach/Friedberg

Autor und Herausgeber: Reiner Backer

Bezug: Amazon

Erstauflage

Druck: Amazon Independent Publishing

Umschlagfoto: Fotolia

Verlagsadresse:

VRB Verlag Reiner Backer

Zugspitz 6

86438 Kissing

E-Mail: info-vrb@web.de

Die Beiträge in „Windows 7 – Fehlerbehebung" wurden mit Sorgfalt recherchiert und überprüft. Sie basieren jedoch auf der Richtigkeit uns erteilter Auskünfte und unterliegen Veränderungen. Daher ist eine Haftung – auch für telefonische Auskünfte – ausgeschlossen.

Vervielfältigungen jeder Art sind nur mit Genehmigung des Verlags gestattet.

Vorwort

Liebe Leserin,

lieber Leser,

Reiner Backer

bei System-Störungen hilft nur eines: Ausgewählte Schritt-für-Schritt-Anleitungen und professionelle Reparatur-Funktionen, mit denen Sie Ihr System schnell wiederherstellen können. Denn wenn Windows 7 den Dienst verweigert, kommen Sie nicht mehr an Ihre E-Mails und ins Internet – das ist der reinste Stress, besonders wenn Sie beruflich auf Ihren PC angewiesen sind.

Die passenden Diagnose- und Reparatur-Anleitungen, um Windows 7 im Notfall schnell wieder herzustellen, finden Sie in diesem Buch. Damit sind Sie im Fehlerfall sofort in der Lage, Ihr System zu reparieren und wichtige Daten zu retten – selbst bei einem Totalausfall der Festplatte.

Wussten Sie beispielsweise, dass es von Microsoft kostenlose Skripts gibt, mit deren Hilfe Sie System-Störungen von Windows 7 automatisch beheben können?

Ob Sie eine Fehlermeldung beseitigen, Konfigurationseinstellungen ändern oder andere Probleme lösen möchten, **Microsoft Fix it** bietet viele Lösungen an, die ganz leicht automatisch ausgeführt werden können, ohne dass Sie manuell eingreifen müssen.

1   Suchen Sie mit Google (www.google.de) und der Suchanfrage **Microsoft Fix it** nach der Microsoft-Hilfe.

2   Klicken Sie auf den Link **Microsoft Fix it-Supportcenter**.

3   Im oberen Bereich wählen Sie das ❶ Produkt aus, welches ein Problem bereitet.

4   Unterhalb bekommen Sie eine ❷ Liste mit Lösungen angezeigt. Aktivieren Sie die passende Lösung mit einem Klick auf **Jetzt starten**.

5   Sie erhalten dann zur Beseitigung des Fehlers meist eine .MSI-Datei zum Download angeboten. Diese Datei können Sie entweder erst speichern oder direkt per Ausführen nach dem Download starten lassen.

6   Folgen Sie dann den Anweisungen des Assistenten.

Lösen Sie System-Störungen mit den Reparatur-Skripts von Microsoft.

Kostenlose Hotline per E-Mail

Sollten Sie Ihr Windows 7-Problem nicht mit den in diesem Buch beschriebenen Schritt-für-Schritt-Anleitungen und Tools lösen können, stehen Ihnen mein Team und ich zur Seite. Als Privatperson erhalten Sie kostenlose E-Mail-Hotline bei Windows 7-Störungen. Senden Sie Ihr Windows 7-Problem per E-Mail an info-vrb@web.de

Herzlichst

Ihr Reiner Backer

Autor von „Windows 7 – Fehlerbehebung"

Inhaltsverzeichnis

Inhaltsverzeichnis

Inhaltsverzeichnis

Inhaltsverzeichnis

Fehlerlösungen mit Bordmitteln von Windows 7

Wenn Ihr System nicht mehr startet oder regelmäßig abstürzt, sind die Windows-eigenen Systemfunktionen oft die letzte Rettung. Denn im abgesicherten Modus ist ein Start meist immer noch möglich. Anschließend können Sie Ihr System beispielsweise mit der Systemwiederherstellung in einen stabilen Zustand zurücksetzen.

Sichern Sie Ihr komplettes System

Wer selbst schon einmal mit defekten Festplatten zu kämpfen hatte weiß, wie viel Arbeit es macht, das Betriebssystem samt allen Programmen neu zu installieren. Wesentlich zeitsparender lässt sich dies erledigen, wenn Sie regelmäßig Festplatten-Abbilder Ihres Systems erstellen. Nach einem Festplattencrash genügt es dann, eine neue Festplatte einzubauen, das Abbild zurückzuspielen und alles funktioniert wie vorher.

So sind Sie im Schadensfall in der Lage, die vorher in der Image-Datei gesicherten Daten, Programme und das Betriebssystem einfach wieder zurückzuspielen. Das funktioniert auch, wenn Windows beschädigt wurde oder Ihre Festplatte komplett den Dienst verweigert.

So erstellen Sie ein Abbild Ihrer Festplatte

In Windows 7 ist ein Backup-Imaging-Tool enthalten. Damit können Sie per Klick eine exakte Kopie Ihrer Festplatte erstellen. Im Ernstfall stellen Sie dann Ihr System und alle Ihre Daten und Programme einfach mit dem Image wieder her. Bei einem komplexen System mit 200 GByte belegten Speicherplatz dauert das zwar auch ungefähr drei Stunden. Das Wiederaufspielen Ihrer Anwendungen und Daten läuft aber automatisch ab, ohne Ihr zutun.

Tipp! Speichern Sie das Image auf einer externen USB-Festplatte oder einen USB-Stick. Damit sind Sie im Fall eines Festplattendefekts abgesichert und können Ihr System schnell wiederherstellen. Alternativ können Sie auch mehrere DVDs erstellen.

Fehlerlösungen mit Bordmitteln von Windows 7

1   Klicken Sie auf den ❶ Startknopf und wählen Sie den Eintrag ❷
    Systemsteuerung aus.

Aktivieren Sie die Systemsteuerung.

2   Klicken Sie auf ❸ **System und Sicherheit** und anschließend auf ❹
    Sichern und Wiederherstellen.

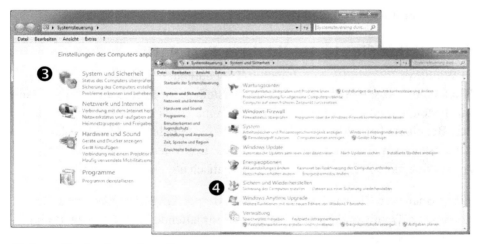

Sichern Sie das komplette System.

3 Wählen Sie im linken Fensterteil den Link **❺ Systemabbild** erstellen.

4 Im Folgenden können Sie wählen, ob Sie auf eine **❻** Festplatte, auf DVDs oder auf eine Netzwerkfreigabe das Abbild der Festplatte speichern wollen.

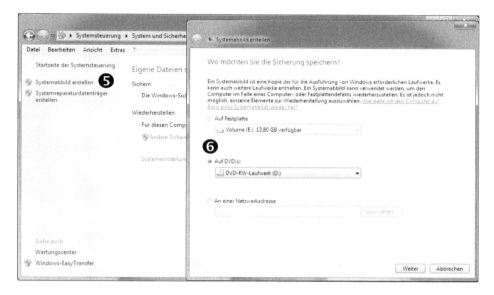

Legen Sie eine exakte Kopie Ihrer Festplatte an.

5 Bestätigen Sie Ihre Auswahl mit einem Klick auf **Weiter** und wählen Sie aus, welche **❼** Laufwerke gesichert werden sollen.

6 Klicken Sie anschließend auf **❽ Weiter** und **Sicherung starten**.

7 Lassen Sie sich abschließend mit einem Klick auf **Ja** noch eine startfähige CD erstellen. Über diese CD können Sie das System auch beim Ausfall Ihrer Festplatte zurücksichern.

Starten Sie den Sicherungsvorgang.

Setzen Sie Windows auf den zuletzt funktionierenden Zustand zurück

Wer kennt das nicht, irgendwann kommt es bei Windows aufgrund einer Installation oder eines Absturzes zu Fehlermeldungen oder es wird instabil. Jetzt würde es helfen, die letzte Aktion vor dem Auftreten der Fehler wieder rückgängig zu machen. Was den Fehler verursacht hat, ist jedoch nicht immer klar.

Für solche Fälle stellt Ihnen Windows 7 die Systemwiederherstellung zur Verfügung. Damit können Sie Ihr System bei Störungen oder sonstigen Problemen schnell in den Zustand zurücksetzen, den er vor dem Auftreten des Problems hatte. Windows 7 verwendet hierfür zuvor gesicherte Betriebssystemeinstellungen inklusive der dazugehörigen Treiber und Dateien.

- Bei jedem Update Ihres Systems oder eines Hardware-Treibers erstellt Windows 7 automatisch einen Wiederherstellungspunkt.

Voraussetzung ist, dass genügend Speicherplatz auf der Festplatte zur Verfügung steht und die Systemwiederherstellung nicht deaktiviert ist.

- Ein Wiederherstellungspunkt wird darüber hinaus auch bei der Installation von Software-Komponenten angelegt, wenn diese Veränderungen an den Systemdateien oder -einstellungen durchführen. Das ist beispielsweise bei einem Update oder Sicherheitspatch von Windows 7 der Fall.

Richten Sie einen Wiederherstellungspunkt ein

Im Fehlerfall können Sie also mit der Systemwiederherstellung Änderungen an Ihrem System rückgängig machen. Die gesicherte Konfiguration wird wiederhergestellt und alles ist wieder so, wie es vor der Änderung war. Deshalb sollten Sie als Erstes einen Wiederherstellungspunkt manuell einrichten. Gehen Sie dazu folgendermaßen vor:

1 Starten Sie die Systemsteuerung und wählen Sie unter **Anzeige** den Eintrag **Große Smbole** aus.

2 Klicken Sie auf **System** und im linken Fensterteil auf den Link ❶ **Computerschutz**.

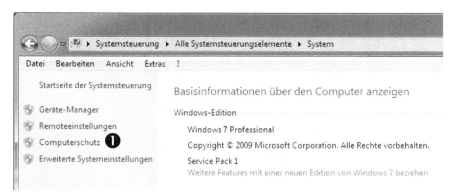

*Wählen Sie den Link **Computerschutz** aus.*

13

3   Anschließend können Sie die ❷ Datenträger auswählen, die in die
     Systemwiederherstellung einbezogen werden sollen. Belassen Sie es am
     besten bei der Voreinstellung.

4   Sollte der Schutz für das betreffende Laufwerk deaktiviert sein, klicken
     Sie auf **Konfigurieren** und wählen die Option **Computerschutz
     aktivieren**.

5   Um einen Wiederherstellungspunkt anzulegen, klicken Sie jetzt auf die
     Schaltfläche ❸ **Erstellen**.

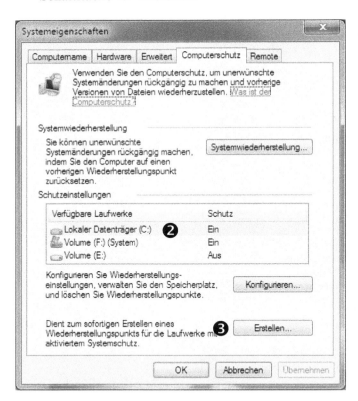

Bereiten Sie für den Notfall einen manuellen Wiederherstellungspunkt vor.

6   Geben Sie einen ❹ Namen für den Wiederherstellungspunkt ein.

7   Klicken Sie auf **Erstellen**. Der Wiederherstellungspunkt wird nun erstellt und damit eine Momentaufnahme Ihres Systems gespeichert.

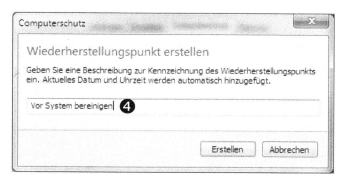

Vergeben Sie einen sprechenden Namen.

Bei einem Problem oder im Schadensfall können Sie jetzt Ihr System in einen früheren, funktionierenden Zustand zurückversetzen.

1   Aktivieren Sie die Systemsteuerung und wählen Sie unter **Anzeige** den Eintrag **Große Symbole** aus.

2   Klicken Sie auf **System** und auf den Link **Computerschutz**.

3   Klicken Sie auf die ❺ Schaltfläche **Systemwiederherstellung** und auf **Weiter**.

Aktivieren Sie die Systemwiederherstellung.

4   Wenn Sie die letzte Aktualisierung rückgängig machen möchten, können Sie den empfohlenen Wiederherstellungspunkt beibehalten.

5   Wenn Sie den Wiederherstellungspunkt selbst wählen möchten, aktivieren Sie die Option ❻ **Weitere Wiederherstellungspunkte anzeigen.**

6   Klicken Sie dann auf den gewünschten ❼ Wiederherstellungspunkt und betätigen Sie die Schaltfläche **Weiter.**

7   Bestätigen Sie Ihre Auswahl durch einen Klick auf **Fertig stellen.**

8   Ihr System wird anschließend neu gestartet und in dem vorher gewählten funktionierenden Zustand wiederhergestellt.

So setzen Sie Ihr System mit wenigen Mausklicks auf einen stabilen Zustand zurück.

Aktivieren Sie den abgesicherten Modus

Wenn Windows beim Systemstart plötzlich einfriert oder sich mit einem Bluescreen verabschiedet, ist der abgesicherte Modus oft die letzte Rettung. Denn nach dem Start im abgesicherten Modus nehmen Sie die notwendigen Korrekturen in den Windows-Einstellungen vor und bringen Ihr System dadurch wieder zum Laufen. Im abgesicherten Modus startet Ihr System nur mit den Treibern, Diensten und Prozessen, die für einen Minimalbetrieb von Windows unbedingt notwendig sind.

Dazu zählen die Treiber für Maus, Monitor, Tastatur, Festplatte, die Grundeinstellungen für die Grafikfunktion sowie die Standardsystemdienste. Insbesondere nach der fehlerhaften Installation von neuen Geräten, Treibern oder Software startet Windows automatisch im abgesicherten Modus.

Setzen Sie den abgesicherten Modus bei folgenden Problemen ein:

- Windows reagiert nicht auf Eingaben bzw. „friert" ein.

- Es treten Fehler während der Arbeit auf, z. B. STOP-Fehler.

- Nach einer Konfigurationsänderung oder Installation von neuer Hardware startet das System nicht mehr.

- Die Bildschirmausgabe ist fehlerhaft.

So starten Sie Ihr System in den abgesicherten Modus

Den abgesicherten Modus können Sie unter Windows 7 wie folgt aktivieren:

1 Drücken Sie beim Systemstart die Taste <**F8**>.

2 Wählen Sie den Eintrag ❶ **Letzte als funktionierend bekannte Konfiguration**.

3   Beim nächsten Start werden die von Windows bei der letzten Anmeldung
     gespeicherten Informationen und Treiber aus der Registrierung verwendet.

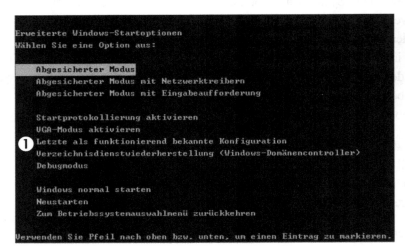

```
Erweiterte Windows-Startoptionen
Wählen Sie eine Option aus:

    Abgesicherter Modus
    Abgesicherter Modus mit Netzwerktreibern
    Abgesicherter Modus mit Eingabeaufforderung

    Startprotokollierung aktivieren
    VGA-Modus aktivieren
①  Letzte als funktionierend bekannte Konfiguration
    Verzeichnisdienstwiederherstellung (Windows-Domänencontroller)
    Debugmodus

    Windows normal starten
    Neustarten
    Zum Betriebssystemauswahlmenü zurückkehren

Verwenden Sie Pfeil nach oben bzw. unten, um einen Eintrag zu markieren.
```

Die erweiterten Windows-Startoptionen zur Auswahl des abgesicherten
Modus.

Problematisch wird es, wenn Sie die grafische Oberfläche von Windows auch
im abgesicherten Modus nicht mehr starten können. Dann hilft nur noch der
Start im abgesicherten Modus mit der Eingabeaufforderung und der manuellen
Aktivierung der Systemwiederherstellung. Gehen Sie dazu folgendermaßen
vor:

1   Um Windows im abgesicherten Modus zu starten, drücken Sie beim
     Systemstart die Taste <**F8**>.

2   Wählen Sie aus dem Auswahlmenü den Eintrag **Abgesicherter Modus**
     mit Eingabeaufforderung. Der Systemstart erfolgt wie beim
     abgesicherten Modus. Anstelle des Windows-Desktops, des Startmenüs
     und der Taskleiste wird Ihnen aber nur die Eingabeaufforderung
     angezeigt.

3   Aktivieren Sie die Systemwiederherstellung mit dem folgenden Befehl:
    rstrui.exe <**Return**>. Wenn dieser vom System nicht gefunden wird,
    geben Sie folgenden Befehl ein
    %systemroot%\system32\restore\rstrui.exe und drücken Sie <**Return**>.

Tipp! Sollte Windows 7 noch starten, können Sie den abgesicherten Modus
auch über die Systemkonfiguration aktivieren.

1   Drücken Sie dazu die Tastenkombination <**WIN**>+<**R**>.

2   Geben Sie ❷ **msconfig** ein und bestätigen Sie mit der Schaltfläche **OK**.

Aktivieren Sie die Eingabeaufforderung.

3   Im Register **Start** aktivieren Sie die Option ❸ **Abgesicherter Start**,
    bestätigen mit **OK** und aktivieren das System neu.

Startoptionen

❸ ☑ Abgesicherter Start   ☐ Kein GUI-Start
      ⦿ Minimal   ☐ Startprotokollierung
      ◯ Alternative Shell   ☐ Basisvideo

Starten Sie über die Systemkonfiguration in den abgesicherten Modus.

Prüfen Sie Ihre Festplatte auf Fehler

Bei undefinierbaren und überraschenden Plattenproblemen sollten Sie zuerst zu Software-Tools greifen. Windows bietet Ihnen für diesen Fall die Datenträgerüberprüfung. Um diese zu aktivieren, gehen Sie folgendermaßen vor:

1   Schließen Sie alle Programme und Dateien und starten Sie den Windows-Explorer (**<WIN>+<E>**).

2   Klicken Sie im Windows-Explorer mit der rechten Maustaste auf das Symbol des Laufwerks, das Sie auf Fehler überprüfen möchten. Aus dem Kontextmenü wählen Sie den Eintrag ❶ **Eigenschaften**.

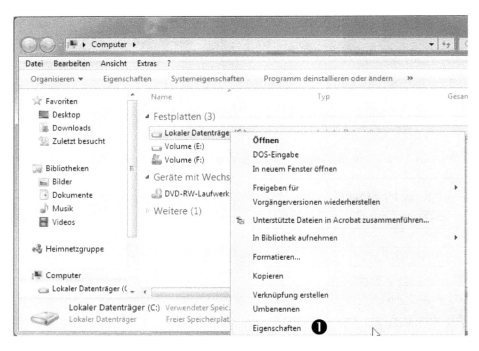

Aktivieren Sie die Datenträgerüberprüfung über den Windows-Explorer.

3   Wählen Sie das Register ❷ **Tools** und klicken Sie auf ❸ **Jetzt prüfen**.

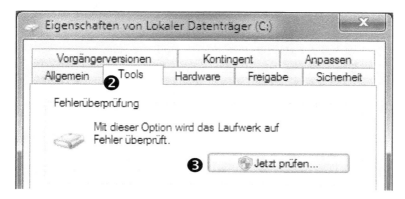

Starten Sie die Datenträgerüberprüfung.

4   Aktivieren Sie die beiden ❹ Optionen für die Datenträgerüberprüfung
und klicken Sie auf **Starten**.

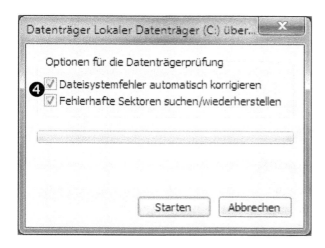

*Checken Sie Ihr Dateisystem auf Fehler und lassen Sie diese automatisch
reparieren.*

5 Während der Überprüfung des Laufwerks können Sie weiterarbeiten. Falls Fehler im Dateisystem entdeckt werden, können Sie diese automatisch reparieren lassen.

Hinweis: Sollte es sich bei der zu überprüfenden Festplatte um die Systempartition handeln, also die wo Windows installiert ist, müssen Sie die Systemprüfung beim nächsten Start ausführen. Klicken Sie dazu auf **Datenüberprüfung planen**. Alternativ klicken Sie auf **Aufhebung der Bereitstellung erzwingen**, um die Systemplatte sofort zu überprüfen.

Tipp! Sollten jetzt immer noch Fehler im Dateisystem angezeigt werden, führen Sie den **chkdsk**-Befehl aus. Dieses Kommandozeilen-Tool bietet umfangreiche Möglichkeiten zur Prüfung einer Festplatte. Drücken Sie <**WIN**>+<**R**> und geben Sie den **chkdsk**-Befehl ggf. mit dem Laufwerksbuchstaben ein: **chkdsk c:** und bestätigen Sie mit <**Return**>. Wenn Sie den Laufwerksbuchstaben nicht angeben, wird voreingestellt die Festplatte C: untersucht.

Reparieren Sie die Systemdateien von Windows 7

Wenn wichtige Systemdateien von Windows 7 beschädigt werden, geht gar nichts mehr. Beim Hochfahren erscheinen Fehlermeldungen, wichtige Programme starten nicht mehr. Schuld sind defekte Systemdateien, die beispielsweise von anderen Programmen oder Tools beschädigt wurden. Die gute Nachricht: Die Systemdateien können Sie ganz schnell wiederherstellen.

So stellen Sie die Systemdateien wieder her

Die Systemdateien können Sie in der Eingabeaufforderung wiederherstellen. Folgen Sie dazu der nachfolgenden Schritt-für-Schritt-Anleitung:

1 Klicken Sie auf den Startknopf und geben Sie ❶ **cmd** in die Suchenzeile ein.

2   In der Ergebnisliste klicken Sie den Eintrag ❷ **cmd** mit der rechten
    Maustaste an und wählen im Kontextmenü den Eintrag ❸ **Als
    Administrator ausführen**.

Aktiveren Sie die Eingabeaufforderung mit Administratorrechten.

3   Bestätigen Sie die Sicherheitsabfrage mit einem Klick auf **Ja**.

4   Geben Sie den ❹ Befehl **sfc /scannnow** und bestätigen Sie mit der Taste
    <Return>.

5   Anschließend werden die Systemdateien überprüft und ggf. repariert oder
    ausgetauscht.

Starten Sie die Überprüfung der Systemdateien.

Lösen Sie Netzwerkprobleme

Bei den meisten Problemen im Zusammenhang mit Netzwerkverbindungen
sollten Sie zunächst das in Windows 7 integrierte
Netzwerkdiagnoseprogramm starten, um die Ursache des Problems zu
identifizieren.

So beseitigen Sie Verbindungs-Störungen mit der Netzwerkdiagnose

Um Störungen im Netzwerk zu beseitigen, folgen Sie der nachfolgenden
Schritt-für-Schritt-Anleitung:

1   Aktivieren Sie die Systemsteuerung und wählen Sie unter **Anzeige** den
    Eintrag **Kategorie**.

2   Klicken Sie auf **System und Sicherheit – Wartungscenter**.

3   Wählen Sie den ❶ Link **Problembehandlung**.

Fehlerlösungen mit Bordmitteln von Windows 7

Lassen Sie Probleme automatisch erkennen und beheben.

4   Klicken Sie im folgenden Fenster unter **Netzwerk und Internet** auf den Link ❷ **Verbindung mit dem Netzwerk herstellen**.

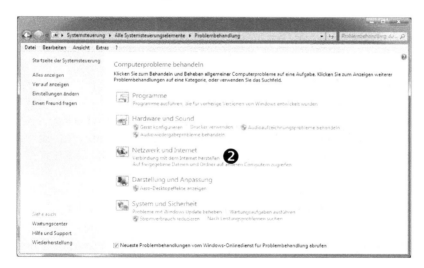

Mit der Netzwerkdiagnose finden Sie den Fehler schnell.

5 Klicken Sie im nächsten Fenster auf ❸ **Weiter**. Nun sammelt die
Netzwerkdiagnose Konfigurationsinformationen und führt wenn möglich
eine automatische Fehlerbehebung für die Netzwerkverbindung durch.

Folgen Sie dem Assistenten zur Lösung des Problems.

Testen Sie verschiedene Startoptionen

Wenn Sie beim Systemstart eine eindeutige Fehlermeldung erhalten, kennen
Sie den Verursacher des Problems. Sofern der Start in den abgesicherten
Modus noch möglich ist, können Sie die Systemstörung meist ganz einfach
beheben. Oft reicht dazu schon die Aktualisierung eines Treibers.

Manchmal friert das System beim Start jedoch ein und Sie erhalten keine
Anhaltspunkte über die Ursache. Dann müssen Sie zuerst herausfinden,
wodurch der Fehler ausgelöst wurde. Führen Sie dazu verschiedene
benutzerdefinierte Systemstarts mit dem Systemkonfigurations-Programm aus.

Setzen Sie das Systemkonigurations-Programm ein

So führen Sie verschiedene benutzerdefinierte Systemstarts aus:

1   Drücken Sie die Tastenkombination <**WIN**>+<**R**>.

2   Geben Sie den Befehl **msconfig** ein und bestätigen Sie mit <**Return**>.

3   Aktivieren Sie auf dem Register ❶ **Allgemein** die Option ❷
    Benutzerdefinierter Systemstart und wählen Sie aus, was beim
    Systemstart abgearbeitet werden soll.

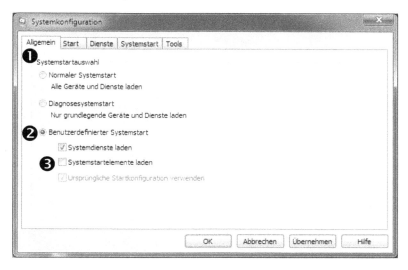

Bestimmen Sie, was beim Systemstart ausgeführt werden soll.

4   Wenn bei den anschließenden Schritten der Fehler ausgelöst wird, wissen
    Sie, wo Sie suchen müssen. Tritt die Störung beispielsweise nach der
    Deaktivierung der Option ❸ **Systemstartelemente laden** auf, klicken
    Sie auf das Register ❹ **Systemstart** und deaktivieren Sie der Reihe nach
    die ❺ Programme, bis der Fehler nicht mehr auftritt.

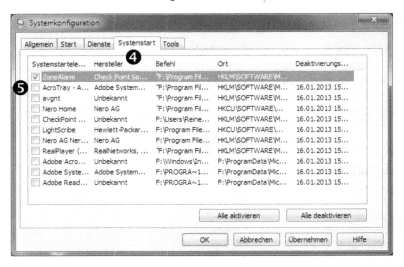

Schalten Sie unter Windows 7 die nicht benötigten Autostart-Programme ab.

5   Wenn Sie den Fehler beseitigt haben, aktivieren Sie wieder die Option **⑥**
Normaler Systemstart.

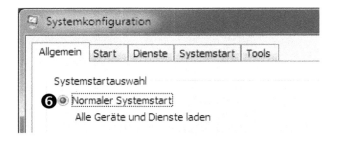

Lassen Sie Windows wieder normal starten.

Tipp! Programme, die Windows beim Start automatisch lädt, aber von Ihnen
dann nicht genutzt werden, sind überflüssig und verlangsamen die Boot-Zeit
beträchtlich. Schauen Sie sich die Liste doch einmal näher an und deaktivieren
Sie die überflüssigen Programme. Anschließend wird Ihr System schneller
starten.

Sichern Sie das System-Passwort

Niemand ist davor sicher, ein wichtiges Kennwort plötzlich zu vergessen. Erstellen Sie deshalb ein Kennwortrücksetzmedium. Windows 7 besitzt dafür eine nützliche Funktion, die es Ihnen erlaubt, ein vergessenes Kennwort wiederherzustellen.

So sichern Sie das System-Passwort und stellen es im Notfall wieder her

Windows 7 beinhaltet eine bequeme Funktion, die es Ihnen erlaubt, Ihr Kennwort zu speichern und im Notfall wiederherzustellen:

1   Um das System-Kennwort zu sichern, aktivieren Sie die Systemsteuerung.

2   Geben Sie oben rechts im **Suchen**-Feld den Text ❶ **kennwort** ein.

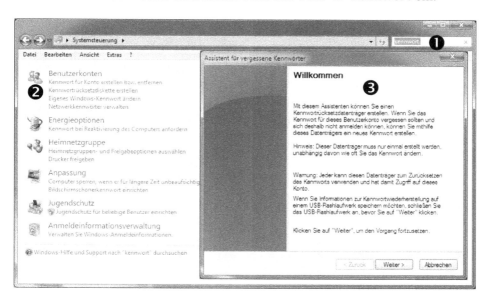

Speichern Sie das System-Kennwort auf einen externen Datenträger.

3 Klicken Sie unter Benutzerkonten auf den Link ❷ **Kennwortrücksetzdiskette erstellen.**

4 Folgen Sie dann den ❸ Anweisungen des Assistenten.

Hinweis: Für das Sichern brauchen Sie keine Diskette, die Sicherung erfolgt auf jeden gewünschten Datenträger.

Im Notfall setzen Sie das System-Passwort wie folgt zurück: Wenn Sie bei der Anmeldung ein falsches Kennwort eingeben, bekommen Sie einen entsprechenden Hinweis angezeigt. Bestätigen Sie diesen mit einem Klick auf **OK**. Klicken dann auf **Kennwort zurücksetzen** und legen Sie den Kennwortrücksetzdatenträger ein. Den Rest erledigt wieder der Assistent und hilft Ihnen, ein neues Kennwort zu erstellen.

Tipp! Wie sicher Ihr Passwort ist, hängt in erster Linie von dessen Länge ab. Wenn Sie ein zu kurzes oder zu einfaches Passwort benutzen, machen Sie es Angreifern unnötig leicht, an Ihre Daten heranzukommen. Leider beachten das die meisten Anwender nicht. Nachfolgend finden Sie die zehn in Deutschland beliebtesten Passwörter.

- Platz Nr. 1: Einfache Zahlenkombinationen, wie 12345.
- Platz Nr. 2: Zahlenkombinationen, die an ein Produkt erinnern, wie 4711, 911, X5, A6.
- Platz Nr. 3: Das Wort Passwort selbst.
- Platz Nr. 4: Kosenamen wie Schatz.
- Platz Nr. 5: Das Wort Baby.
- Platz Nr. 6: Jahreszeiten wie Sommer und Winter.
- Platz Nr. 7: Das Wort Hallo.

- Platz Nr. 8: Namen von Großstädten, wie Berlin, Frankfurt oder München.

- Platz Nr. 9: Der eigenen Vornamen.

- Platz Nr. 10: Der Vorname der Frau/Freundin.

Die Passwortlänge sollten mindestens 8 Zeichen, besser 12 betragen. Sie sollten sämtliche Wörter vermeiden um so genannte lexikalische Angriffe zu erschweren. Bei diesen Angriffen werden einfach alle Einträge eines Wörterbuchs ausprobiert, bis das richtige gefunden wird. Am Einfachsten können Sie sich lange Passwörter merken, in dem Sie diese aus den Anfangsbuchstaben eines Liedtextes oder Satzes aufbauen.

Analysieren und beseitigen Sie Systemstörungen mit Informationen der Ereignisanzeige

Wenn Windows lange braucht, bis es vollständig gestartet ist, kann das verschiedene Gründe haben. Auf jeden Fall sollten Sie prüfen, ob es irgendwelche Probleme beim Systemstart gibt.

Setzen Sie die Ereignisanzeige zur Fehlersuche ein

Dazu gibt es mit der Ereignisanzeige ein praktisches Diagnose-Tool, das Sie unter Windows 7 wie folgt aktivieren:

1 Drücken Sie unten links in der Taskleiste den Startknopf und aktiveren Sie die Systemsteuerung.

2 Wählen Sie **System und Sicherheit – Verwaltung**.

3 Doppelklicken Sie auf den Eintrag ❶ **Ereignisanzeige**.

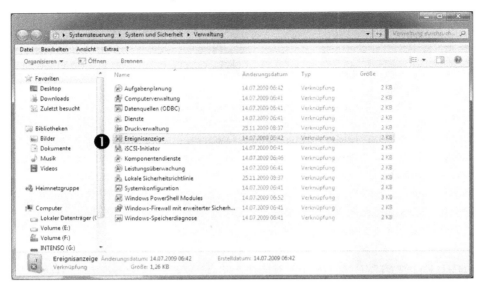

Aktivieren Sie das Logbuch von Windows.

Tipp! Alternativ können Sie die Ereignisanzeige durch die Tastenkombination <WIN>+<R> und der Eingabe von **eventvwr.msc** <Return> starten.

Wählen Sie im linken Fenster unter **Windows-Protokolle** aus, welche ❷ Ereignisse angezeigt werden sollen. In den Windows-Protokollen werden Ereignisse von Anwendungen sowie Ereignisse, die das gesamte System oder die Sicherheit betreffen, gespeichert.

- **Anwendung**: Das Anwendungsprotokoll registriert alle Ereignisse, die von Programmen und Tools ausgelöst werden. Zu einem Datenbankprogramm könnte hier beispielsweise ein Dateifehler aufgezeichnet sein.

- **Sicherheit**: Das Sicherheitsprotokoll speichert sicherheitsrelevante Ereignisse. Dazu gehören erfolgreiche oder fehlgeschlagene Anmeldungen.

- **Installation**: Hier finden Sie alle Ereignisse, die beim Einrichten von Hard- und Software ausgelöst wurden.

- **System**: Im Systemprotokoll finden Sie Ereignisse, die von den Windows-Systemkomponenten protokolliert wurden. Hier werden beispielsweise Fehler beim Laden eines Gerätetreibers oder Startfehler aufgezeichnet.

4   Um detailliertere Informationen zu einem Eintrag zu erhalten, doppelklicken Sie im rechten Fensterteil auf das betreffende ❸ Ereignis.

5   Anschließend werden Ihnen ❹ in einem separaten Fenster genauere Hinweise zum jeweiligen Ereignis angezeigt.

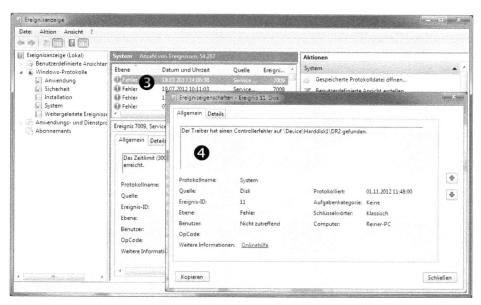

Die Ereignisanzeige von Windows 7.

6 Im rechten Fensterteil finden Sie die Spalte ❺ **Ebene**. Hier werden folgende Ereignistypen unterschieden:

Fehler: Ein Fehler wird protokolliert, wenn ein signifikantes Problem aufgetreten ist. Das ist beispielsweise der Fall, wenn ein Dienst beim Systemstart nicht geladen werden kann, ein Programm nicht startet oder unerwartet beendet wird.

Warnung: Eine Warnung meldet ein möglicherweise unbedeutendes Ereignis, das aber auf ein potenzielles Problem hinweist. Eine Warnung wird z. B. protokolliert, wenn nur noch wenig freier Festplattenspeicher zur Verfügung steht.

Information: Eine Information begleitet ein Ereignis wie z. B. den Start, das Beenden oder die erfolgreiche Ausführung einer Anwendung, eines Treibers oder eines Dienstes.

Tipp! Sie können sich die Ereignisse auch sortieren lassen. Klicken Sie beispielsweise auf **Ebene**, um sich am Anfang der Liste alle Fehler anzeigen zu lassen. Wenn Sie auf ❻ **Quelle** klicken, werden Ihnen die Ereignisse nach dem Auslöser sortiert aufgelistet.

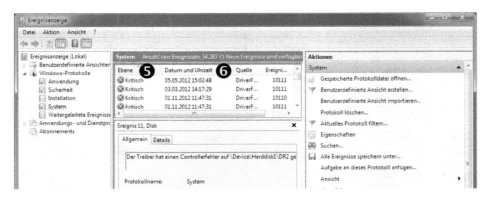

Sortieren Sie die angezeigten Ereignisse.

34

So kommen Sie über die Ereigniseigenschaften dem Fehler auf die Spur

Um weitere Informationen zu einer Meldung zu erhalten, doppelklicken Sie im rechten Fensterteil auf das betreffende Ereignis. Anschließend werden Ihnen die Ereigniseigenschaften angezeigt.

- **Fehlermeldung**: Hier wird Ihnen die ❶ Fehlermeldung angezeigt. Für eine erste Fehleranalyse sollten Sie die angezeigte Meldung oder einen aussagefähigen Teil davon kopieren und danach in einem Suchdienst wie www.google.de recherchieren.

- **Quelle**: Die ❷ Software, die das Ereignis protokolliert hat. Hierbei kann es sich um den Namen einer Anwendung handeln oder um eine Komponente des Systems bzw. eines Treibers.

- **Ereignis-ID**: ❸ Eine Zahl, die den jeweiligen Ereignistyp angibt.

- **Ebene**: Eine Einteilung auf der Grundlage der Wichtigkeit des Ereignisses: ❹ Fehler, Warnung und Information.

- **Protokolliert**: Das lokale ❺ Datum und die Uhrzeit, wann das Ereignis aufgetreten ist.

- **Schlüsselwörter**: Eine Reihe von ❻ Kategorien oder Tags, die Sie zum Filtern oder Suchen von Ereignissen verwenden können.

- **Computer**: Der ❼ Name des PCs, auf dem das Ereignis eingetreten ist.

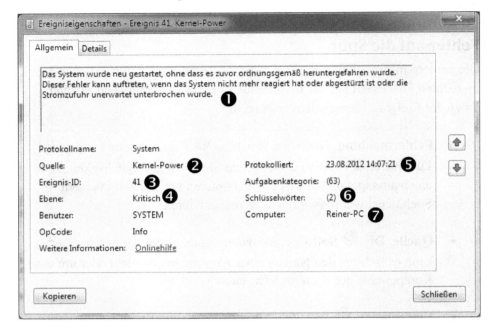

Beachten Sie die Informationen aus den Ereigniseigenschaften.

Verwenden Sie die Ereigniskennung als Schlüssel zur Fehlerbeseitigung

Konnten Sie durch Internetrecherchen den Fehler nicht identifizieren, versuchen Sie, die Systemstörung über die Ereignis-ID zu analysieren. Zu jedem Eintrag im Fehlerprotokoll gibt es eine Ereignis-ID (siehe Punkt 3).

1   Sie können nach dieser Ereignis-ID in der Microsoft Knowledgebase suchen. Geben Sie den Text ❽ **Ereignis-ID** mit der dazugehörenden Nummer in das Suchfeld ein und klicken Sie auf die **Suchen**-Schaltfläche.

Suchen Sie unter www.microsoft.de nach Informationen zur angezeigten Ereignis-ID.

2   Alternativ verwenden Sie die von der Firma Altair bereitgestellte Internetseite www.eventid.net.

3   Geben Sie dort die Ereignis-ID in das Feld ❾ **Event ID** ein und klicken Sie auf **Search**.

4   Wollen Sie zusätzlich zur Ereignis-ID auch noch nach der Quelle suchen, geben Sie hier unter **Event-Source** die Fehlerquelle ein, so wie Sie im Protokoll genannt wurde.

5   Die Datenbank wird dann durchsucht und Ihnen werden alle zur Kennung gemeldeten Ergebnisse angezeigt.

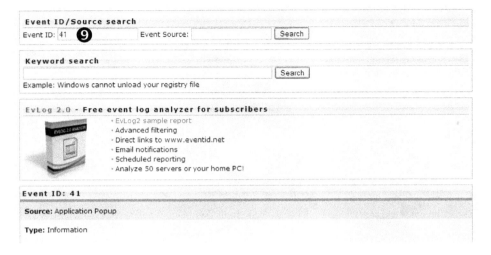

Hier finden Sie viele Informationen über die Ereigniskennung – leider nur in englischer Sprache.

Tipp! Seit kurzem gibt es die Internetseite ❿ www.fehlercodes.com. Dort können Sie nach vielen Fehlermeldungen und Kennungen suchen und erhalten Lösungen sowie Kommentare in deutscher Sprache.

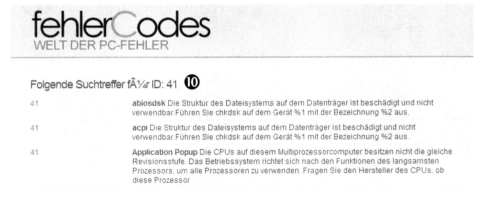

Diese Internetseite liefert Informationen über Ereignis-IDs.

Schaffen Sie mehr Schutz durch aktuelle Sicherheitspatches

In regelmäßigen Abständen veröffentlicht Microsoft neue Treiber, Systemerweiterungen, Bugfixes und Security-Patches, die Sie über das Windows-Update automatisch installieren können. Diese Updates sind wichtig. Installieren Sie diese, um Ihr Windows immer auf dem aktuellsten Stand zu halten und um Sicherheitslücken zu schließen.

Setzen Sie die Windows Update-Funktion ein

Das Windows-Update ist eine in Windows integrierte Funktion, die Ihnen die neusten Updates für Windows und andere Microsoft-Produkte automatisiert zur Verfügung stellt.

1 Um die Einstellungen für das Windows 7-Update zu konfigurieren, klicken Sie in der Systemsteuerung auf **System und Sicherheit – Windows Update**.

2 Klicken Sie im linken Bereich auf den Link **Einstellungen ändern**.

3 Wenn Sie sich um die Updates gar nicht kümmern wollen, wählen Sie die Option ❶ **Updates automatisch installieren (empfohlen)**. Damit werden neue Updates automatisch herunter geladen und installiert.

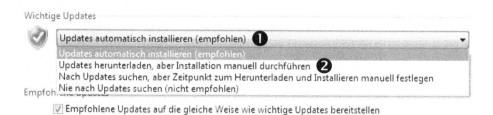

Halten Sie Ihr System auf dem neuesten Stand.

Tipp! Empfehlenswert ist auch die Option ❷ **Updates herunterladen, aber Installation manuell durchführen**. Damit werden Sie über neue Updates informiert und bestimmen selbst, wann Sie diese installieren wollen.

Entfernen Sie bei Störungen einen fehlerhaften Patch

Was können Sie tun, wenn ein Patch Ihr System stört? Eine Möglichkeit ist, dass Sie die Systemwiederherstellung benutzen. Der Nachteil dieser Methode: Auch alle anderen Änderungen seit dem Erstellen des Wiederherstellungspunkts gehen verloren. Sie können den Patch aber auch ganz schnell mit diesen zwei Schritten deinstallieren:

1 Klicken Sie in der Systemsteuerung auf **Programme** und wählen den Link **Programme und Funktionen**.

2 Klicken Sie links im Fensterteil auf den Link **Installierte Updates anzeigen**.

3 Scrollen Sie im Fenster ganz nach oben, wo Sie den zuletzt installierten Patch finden.

4 Klicken Sie auf das entsprechende ❸ Update und anschließend auf ❹ **Deinstallieren**.

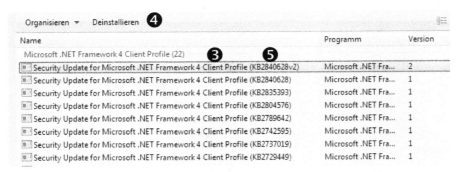

Hier werden Ihnen die installierten Patches und Updates angezeigt.

Tipp! Die Patches sind mit einer ❺ KB-Nummer gekennzeichnet. Mit dieser Nummer können Sie im Support-Center von Microsoft nach weiteren Hinweisen und Problemlösungen zu diesem Patch suchen. Sie finden Microsofts Datenbank für Problemlösungen unter: http://support.microsoft.com.

Spüren Sie Programme mit geheimem Internet-Zugriff auf

Viele Programme nehmen heimlich Verbindung zum Internet auf. Wenn Sie überprüfen wollen, welche Programme auf Ihrem PC derzeit auf das Internet zugreifen, gehen Sie folgendermaßen vor:

1   Drücken Sie die Tastenkombination **<WIN>**+**<R>** und geben Sie den Befehl ❶ **cmd** ein. Bestätigen Sie diesen mit **<Return>**.

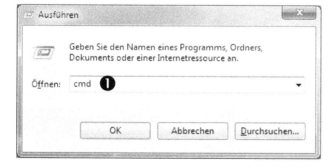

Wechseln Sie auf die Kommandozeilenebene.

2   In der Kommandozeile geben Sie den Befehl ❷ **netstat -o** <Return> ein. Sie sehen nun eine Auflistung aller aktuellen Verbindungen.

3   Notieren Sie sich die ❸ PID-Nummern (Process-Identification) der Prozesse, die Sie interessieren.

Lassen Sie sich die aktuellen Internetverbindungen anzeigen.

4   Aktivieren Sie den Task-Manager mit der Tastenkombination
    <Strg>+**<Alt>**+**<Entf>** und einem Klick auf den Link **Task-Manager
    starten**.

5   Klicken Sie auf das Register ❹ **Prozesse**. In der Spalte mit den ❺ PID-
    Nummern erkennen Sie nun anhand der vorher notierten PIDs, um
    welchen Prozess es sich handelt.

6   Sollte der Eintrag **PID** im Task-Manager fehlen, klicken Sie auf **Ansicht –
    Spalten auswählen**. Aktivieren Sie den Eintrag ❻ **PID (Prozess-ID)** im
    Menü.

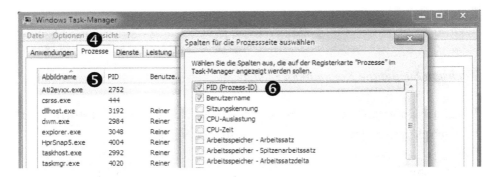

Identifizieren Sie den Prozess über seine eindeutige PID.

Ordnen Sie Ihren Dateien das Standard-Programm zu

Dateien werden in Ordnern auf der Festplatte abgelegt. Die Bezeichnung einer Datei besteht aus zwei Teilen: dem Dateinamen und dem Dateisuffix (eine Kennung, bestehend aus drei Buchstaben, die mit einem Punkt vom Dateinamen getrennt ist).

Anhand des Dateityps erfolgt die Zuordnung zu den entsprechenden Programmen. Wenn Sie beispielsweise im Windows-Explorer eine Datei doppelt anklicken, wird diese mit dem zugeordneten Programm sofort geöffnet.

Passen Sie die Zuordnung einer Dateierweiterung an

Doch nach einem Programmwechsel kann sich die Zuordnung einer Dateierweiterung von einem Programm auf ein anderes ändern. Oder Sie erhalten gleich eine Fehlermeldung, dass für diese Datei kein passendes Programm gefunden wurde.

Wenn eine Datei nicht mehr mit dem gewünschten Programm geöffnet wird, müssen Sie die fehlerhafte Dateizuordnung eigenhändig korrigieren:

1   Klicken Sie im Windows-Explorer (<**WIN**>+<**E**>) mit der rechten Maustaste auf die ❶ Datei, deren Zuordnung Sie ändern möchten.

2   Wählen Sie im Kontextmenü den Eintrag ❷ **Öffnen mit**.

3   Klicken Sie im Menü auf den Eintrag ❸ **Standardprogramm auswählen**.

4   Wählen Sie in der Liste das Programm, mit dem die Datei geöffnet werden soll.

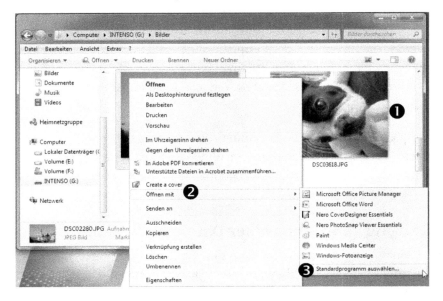

Aktivieren Sie die Dateitypzuordnung über das Kontextmenü.

5   Markieren Sie in der Auswahl die gewünschte ❹ Anwendung.

6   Soll die Datei fortan immer mit diesem Programm geöffnet werden, aktivieren Sie die Option **Dateityp immer mit dem ausgewählten Programm öffnen**.

So ändern Sie die Dateitypzuordnung für Ihre Programme.

Entfernen Sie abgestürzte Programme mit dem Ressourcenmonitor

Windows 7 läuft zwar sehr stabil, trotzdem kommt es vor, dass eine Anwendung abstürzt und einfriert. Mithilfe des Task-Managers können Sie die betroffene Anwendung beenden. Nicht gespeicherte Daten gehen dabei meistens aber verloren.

So bleiben Ihre Daten erhalten

Versuchen Sie deshalb den abgestürzten Prozess mit dem Ressourcenmonitor zu beenden. Dann bleibt das betroffene Programm im Speicher und Sie können die Änderungen im geöffneten Dokument wie gewohnt speichern. Gehen Sie dazu wie folgt vor:

1 Aktivieren Sie den Task-Manager mit <**Strg**>+<**Alt**>+<**Entf**> und klicken Sie auf das Register **Leistung**.

2 Klicken Sie auf den Link ❶ **Ressourcenmonitor....**

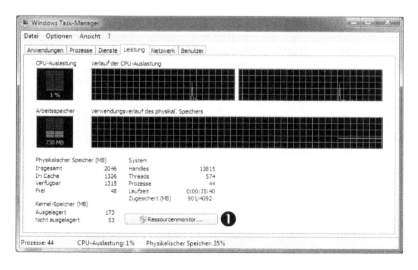

Aktivieren Sie den Ressourcenmonitor über den Task-Manager.

45

3   Suchen Sie auf dem Register **Übersicht** im Bereich **CPU** den Prozess der rot hervorgehoben wird.

4   Klicken Sie diesen mit der rechten Maustaste an und wählen Sie aus dem Kontextmenü den Eintrag **Warteschlange analysieren**.

5   In dem sich öffnenden Fenster erhalten Sie alle vom Programm abhängigen Prozesse und Bibliotheken angezeigt. Weiterhin erhalten Sie eine Beschreibung weshalb das Programm bzw. der abhängige Prozess nicht mehr reagiert.

6   Wählen Sie den ❷ abhängigen Prozess mit einem Klick auf das Kästchen aus und klicken Sie auf die Schaltfläche **Prozess beenden**.

7   Meistens können Sie anschließend mit dem Programm weiterarbeiten und die noch nicht gespeicherten Daten sichern.

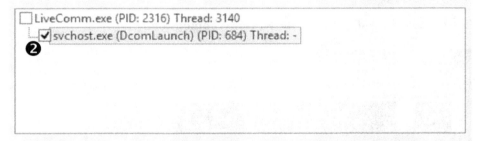

Die Struktur der Analysewarteschlange gibt Aufschluss darüber, von welchen Prozessen (Stammknoten in der Struktur) eine Ressource verwendet wird oder auf die Verwendung einer Ressource gewartet wird, die von einem anderen Prozess (untergeordnete Knoten in der Struktur) verwendet wird und zur Fortsetzung des ausgewählten Prozesses erforderlich ist.

Beenden Sie zuerst den abhängigen Prozess, damit ist das Problem meist erledigt.

Analysieren Sie die Ursache von langen Startzeiten

Wenn der Systemstart sehr lange dauert, liegt das meist an Autostart-Programmen. Diese tragen sich meist ungefragt in den Autostart-Ordner ein und werden so bei jedem Systemstart automatisch in den Arbeitsspeicher geladen.

Schalten Sie die Autostart-Programme ab

Mithilfe der Systemkonfiguration können Sie sich die Autostart-Programme anzeigen lassen und abschalten:

1 Drücken Sie <**WIN**>+<**R**>, geben Sie **msconfig** <**Return**> ein und klicken Sie auf das Register ❶ **Systemstart**.

2 Deaktivieren Sie überflüssige Programme durch Entfernen des Häkchens. Alternativ klicken Sie auf die Schaltfläche ❷ **Alle deaktivieren**, um alle Autostart-Programme abzuschalten.

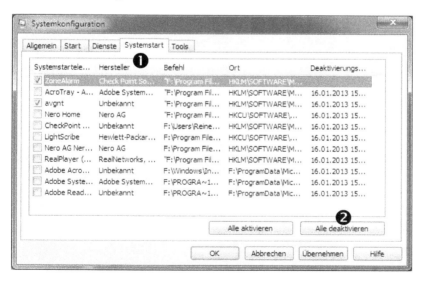

Deaktivieren Sie bei einem langen Systemstart die Autostart-Programme.

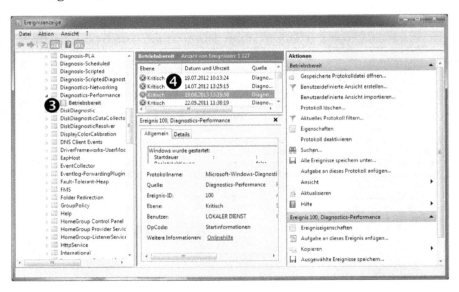

Fehlerlösungen mit Bordmitteln von Windows 7

Hinweis: Sicherheitsrelevante Programme wie der Virenscanner aktivieren sich beim nächsten Start automatisch.

3   Führen Sie einen Neustart durch, um die Autostart-Programme aus dem Speicher zu entfernen.

Sollte der Systemstart jetzt immer noch sehr lange dauern, können Sie die Startzeiten einzelner Anwendungen analysieren. Setzen Sie dazu die Ereignisanzeige ein:

1   Aktivieren Sie die Ereignisanzeige durch die Tastenkombination <WIN>+<R> und der Eingabe von **eventvwr.msc**. Bestätigen Sie mit einem Druck auf die Taste <**Return**>.

2   Erweitern Sie die Ordner und wechseln Sie zum Eintrag ❸ **Anwendungs- und Dienstprotokolle – Microsoft – Windows – Diagnostics-Performance – Betriebsbereit**.

Aktivieren Sie das Logbuch von Windows 7.

48

3   Einträge mit der Anmerkung ❹ **Kritisch** oder solche mit Fehler-IDs ab dem Wert 101 sollten Sie genauer untersuchen, da diese auf Systemstörungen hindeuten.

4   Um sich nähere ❺ Informationen zu einem Eintrag anzeigen zu lassen, doppelklicken Sie darauf.

Lassen Sie sich Hinweise zum Fehler anzeigen.

Beseitigen Sie Probleme mit Hardware-Geräten

Bei Problemen mit Hardwarebauteilen sollten Sie die Anschlüsse kontrollieren und den neuesten Treiber installieren. Zusätzlich können Sie wie nachfolgend beschrieben, die Problembehandlung von Windows 7 einsetzen:

1   Aktivieren Sie die Systemsteuerung und geben Sie in das Suchfeld den Text ❶ **Hardware** ein.

2   Klicken Sie auf den Link ❷ **Probleme mit Geräten erkennen und beheben**.

3   Betätigen Sie auf die Schaltfläche ❸ **Weiter** und folgen Sie den Anweisungen des Assistenten. In den meisten Fällen erkennt die Problembehandlung defekte Geräte automatisch und stellt diese wieder her. Bei mechanischen Schäden, hilft natürlich nur der Austausch des betreffenden Geräts.

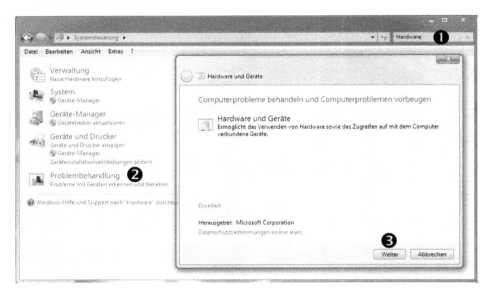

So beseitigen Sie Störungen bei Geräten.

Tipp! Die Problembehandlung können Sie natürlich nicht nur bei Hardware-Problemen einsetzen, diese hilft Ihnen auch bei System- oder Internet-Störungen.

Setzen Sie bei Systemstörungen die Problembehandlung ein

Die Problembehandlung in der Systemsteuerung enthält verschiedene Reparaturprogramme, mit denen einige häufige Fehler im System automatisch behoben werden können.

Lassen Sie sich bei der Fehlerbehebung unterstützen

Um die Problembehandlung zu aktivieren, gehen Sie wie folgt vor:

1   Aktivieren Sie die Systemsteuerung und wählen Sie unter **Anzeige** den Eintrag **Große Symbole** aus.

2   Klicken Sie auf **Wartungscenter** und dort im unteren Bereich auf den Link ❶ **Problembehandlung**.

3   Wählen Sie den ❷ Bereich und anschließend die passende Lösung aus.

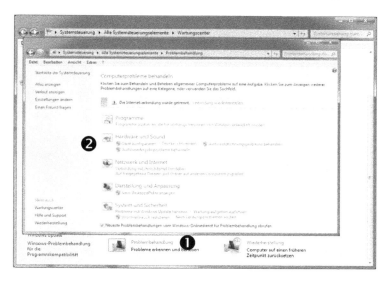

So lösen Sie System-Störungen mit der Problembehandlung.

4   Beim Ausführen einer Problembehandlung müssen Sie meist ein paar
    Fragen beantworten oder allgemeine Einstellungen zurücksetzen, während
    das Problem behoben wird.

5   Kann der Fehler nicht behoben werden, wählen Sie unter den angezeigten
    Optionen. Sie erhalten dann online weitere Informationen zur
    Problembehandlung angezeigt.

Tipp! Klicken Sie auf den Link **Erweitert** in einer Problembehandlung und
deaktivieren die Option ❸ **Reparaturen automatisch anwenden**.
Anschließend wird Ihnen zu Ihrem Problem eine Liste der Korrekturen zur
Auswahl angezeigt.

Lassen Sie sich nach einem Klick auf ***Weiter*** *alle Problemlösungen anzeigen.*

Lassen Sie sich fehlerhafte Tools und Programme anzeigen

Wenn Software-Installationen fehlschlagen oder Programme abstürzen, werden diese Ereignisse unter Windows 7 protokolliert. Dank der Zuverlässigkeitsüberwachung können Sie die Programme lokalisieren, die für Fehler oder Abstürze des Systems verantwortlich bzw. an diesen beteiligt waren.

Werten Sie das Protokoll der Zuverlässigkeitsüberwachung aus

Mit der Zuverlässigkeitsüberwachung kommen Sie System-Störungen schnell auf die Spur. Gehen Sie dazu folgendermaßen vor:

1   Aktivieren Sie die Systemsteuerung und wählen Sie unter **Anzeige** den Eintrag **Große Symbole** aus.

2   Klicken Sie auf den Link **Wartungscenter**.

3   Erweitern Sie den Bereich **Wartung** durch einen Klick auf die ❶ Schaltfläche mit dem Pfeil nach unten.

Kontrollieren Sie bei Systemstörungen die Zuverlässigkeitsüberwachung von Windows 7.

4 Klicken Sie auf ❷ **Zuverlässigkeitsverlauf anzeigen**.

Lassen Sie sich den Zuverlässigkeitsverlauf anzeigen.

5 Wenn im nachfolgenden Fenster ❸ rote Punkte aufgeführt sind, können Sie darüber auf den Tag genau die fehlerhafte Anwendung bzw. die Programminstallation lokalisieren.

6 Klicken Sie dazu auf den Punkt und schauen Sie sich die Infos im unteren Bereich an. Klicken Sie, wenn angeboten, auf den Link ❹ **Lösung anzeigen**, um die Störung automatisch zu beheben.

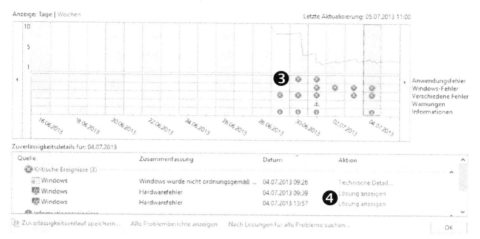

Überprüfen Sie den Zuverlässigkeits- und Problemverlauf des Computers.

Der Stabilitätsindex dient der Bewertung der Systemgesamtstabilität auf einer Skala von 1 bis 10. Durch die Auswahl eines bestimmten Zeitraums können Sie die speziellen Hardware- und Softwareprobleme überprüfen, die das System beeinflusst haben.

Windows 7 bietet meist auch gleich den passenden Link zum Lösen des Problems.

Nutzen Sie die Systemdiagnose zur Fehleranalyse

Windows 7 bringt ein gutes Diagnose-Tool mit, welches Ihnen bei der Recherche nach Leistungsproblemen, fehlerhafter Hardware und Programmabstürzen hilfreich zur Seite steht.

Eliminieren Sie den Flaschenhals im System

Um die Systemdiagnose von Windows 7 zu aktivieren, gehen Sie folgendermaßen vor:

1 Aktivieren Sie die Systemsteuerung und wählen Sie unter **Anzeige** den Eintrag **Große Symbole** aus.

2 Klicken Sie auf **Wartungscenter** und im linken Fensterteil auf den Link **Leistungsinformationen anzeigen**.

3   Wählen Sie im nächsten Fenster den Link **Weitere Tools** aus und klicken Sie im unteren Fensterteil auf ❶ **Systemintegritätsbericht erstellen**.

4   Beachten Sie die Hinweise im Bereich ❷ **Warnungen** und rot markierte Ergebnisse im Bereich **Grundlegende Systemprüfungen**.

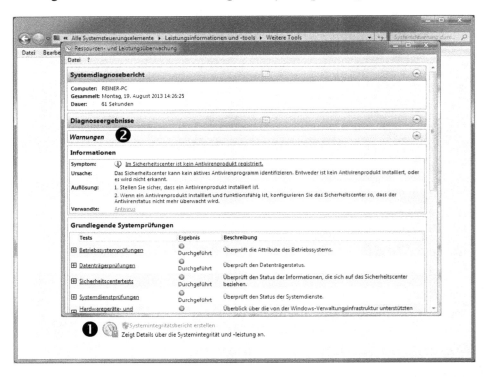

Lassen Sie sich Details zur Systemintegrität und -Leistung Ihres Systems anzeigen.

Reparieren Sie Ihre Anwendungen automatisch

Windows 7 bietet Ihnen die Möglichkeit, ein Programm automatisch zu reparieren, das beispielsweise durch einen Systemfehler beschädigt oder aus Unachtsamkeit gelöscht wurde. Zahlreiche Programme bieten für diese Fälle eine nützliche Funktion, die automatisch überprüft, ob alle benötigten Dateien und Einträge in die Registry noch vorhanden sind, und Fehler gegebenenfalls behebt. Und so nutzen Sie diese Funktion:

1   Klicken Sie in der Systemsteuerung auf **Programme**. Aktivieren Sie ggf. dazu unter **Anzeige** die Auswahl **Kategorie**.

2   Wählen Sie den Link **Programme und Funktionen**.

3   Wählen Sie anschließend die betreffende ❶ Anwendung aus.

4   Bietet diese Anwendung eine Reparatur-Funktion, wird die Schaltfläche ❷ **Reparieren** angezeigt. Klicken Sie auf diese Schaltfläche und bestätigen Sie die darauf folgende Sicherheitsabfrage.

5   Anschließend wird der Reparaturvorgang gestartet und läuft in der Regel automatisch ab. Nach einigen Sekunden bis hin zu wenigen Minuten ist die Reparatur abgeschlossen, und Sie können wieder wie gewohnt mit der Anwendung arbeiten.

Stellen Sie mit nur einem Mausklick Ihre Anwendungen vollautomatisch wieder her.

Wie Sie mit Windows 7 wieder pingen

Die Firewall von Windows 7 wertet ein Ping manchmal als feindlichen Angriff und antwortet deshalb nicht mehr auf den Ping-Befehl. So kommen die ICMP-Pakete, die Sie mit Ping auslösen, dennoch an:

1   Um die Firewall zu aktivieren, starten Sie die Systemsteuerung.

2   Klicken Sie auf **System und Sicherheit** und auf den Eintrag ❶ **Windows-Firewall**.

Aktivieren Sie die Benutzeroberfläche der Firewall.

3   Wählen Sie im linken Fensterteil den Link **Erweiterte Einstellungen**.

4   Klicken Sie links oben auf ❷ **Eingehende Regeln** und mit der rechten Maustaste auf den Eintrag ❸ **Datei- und Druckerfreigabe (Echoanforderung - ICMPv4 eingehend)**.

5   Wählen Sie aus dem Kontextmenü den Eintrag ❹ **Regel aktivieren**.

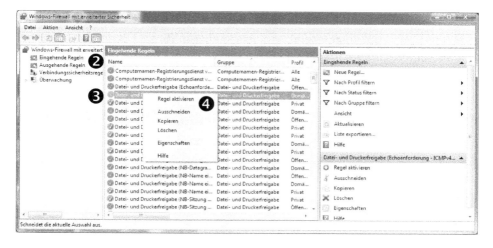

Ab sofort antwortet Windows 7 wieder auf Pings.

Entfernen Sie Schadsoftware mit dem integrierten Virenscanner

Auch wenn Sie Ihr Windows-System regelmäßig durch Updates sicherer machen, können Angreifer Ihren Computer „krank" machen. Denn ähnlich wie Krankheitserreger den menschlichen Körper befallen, versuchen Computerprogramme der Gattungen Viren, Würmer und Trojaner, Ihr System zu infi zieren und zu schwächen.

Die „Krankheiten" Ihres PCs machen sich meist durch Symptome wie diese bemerkbar:

- Ihr Computer arbeitet sehr langsam und benötigt eine lange Zeitdauer, um zu starten.

- Programme, die bisher problemlos auf Ihrem System gearbeitet haben, arbeiten sehr träge oder frieren plötzlich ein.

- Fehlermeldungen warnen Sie, dass nicht genügend RAM verfügbar sei, obwohl ausreichend Arbeitsspeicher in Ihrem Computer eingebaut ist.

- Ihr System wird unerwartet neu gestartet.

Besonders heimtückisch sind Trojaner. Diese verstecken eine Schadensroutine hinter einem nützlichen Programm. Beim Programmstart wird zusätzlich die Schadensroutine aktiv. Häufig versuchen Trojaner, Nutzerdaten zu stehlen. Wenn Sie Ihr Passwort für Online-Banking oder Ihren Internetzugang eingeben, protokolliert ein Trojaner dieses und schickt die Daten an seinen Programmierer.

Setzen Sie den Windows Defender ein

Sollten Sie den Verdacht auf Virenbefall haben, können Sie das System zusätzlich mit dem bordeigenen Windows Defender von Windows 7 untersuchen.

1 Klicken Sie auf **Start** und geben Sie in der Zeile **Programme/Dateien durchsuchen** den Begriff **Defender** ein.

2 In der Ergebnisliste klicken Sie auf den Eintrag **Windows Defender**.

3 Klicken Sie auf **Extras** und **Optionen**. Kontrollieren Sie, ob die Option ❶ **Echtzeitschutz aktivieren (empfohlen)** eingeschaltet ist.

Stellen Sie sicher dass der Scanner ständig im Hintergrund aktiv ist.

Der Echtzeitschutz überwacht wichtige Kontrollpunkte in Windows. Sobald ein Programm Veränderungen an der Windows-Konfiguration vornimmt, wird ein Alarm ausgegeben, beispielsweise wenn Spyware und andere unerwünschte Programme versuchen, sich auf Ihrem Computer zu installieren.

4   Klicken Sie auf der ❷ **Pfeil**-Schaltfläche neben dem Register **Überprüfung** und wählen Sie die gewünschte Scan-Methode:

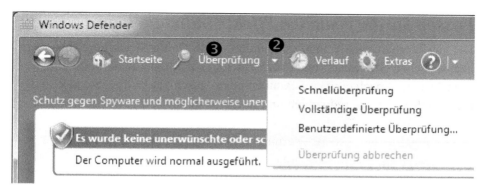

Geben Sie Schad-Software keine Chance und untersuchen Sie Ihr System.

- **Schnellüberprüfung**: Mit der Schnellprüfung werden die Bereiche getestet, die von Schadsoftware am wahrscheinlichsten infiziert werden. Dazu gehören beispielsweise die Programme, DLL-Bibliotheken, der Startsektor der Festplatte und die Autostartmöglichkeiten.

- **Vollständige Überprüfung**: Bei einer kompletten Überprüfung werden alle Dateien auf der Festplatte und alle aktuell ausgeführten Programme im Arbeitsspeicher überprüft. Je nach System kann die Überprüfung länger als eine Stunde dauern. Bei Virenverdacht sollten Sie diese Möglichkeit wählen.

- **Benutzerdefinierte Überprüfung**: Bei der benutzerdefinierten Überprüfung können Sie die Speichermedien und Ordner bestimmen, welche auf Virenbefall hin untersucht werden sollen.

5   Aktivieren Sie den Scanvorgang dann mit einem Klick auf das Register ❸ **Überprüfung**.

6   Anschließend wird Ihr System auf Schadsoftware untersucht.

Passen Sie die visuellen Effekte individuell an

Die Grafikeffekte von Windows 7 sind zwar ein wahrer Blickfang, aber sie beanspruchen Grafikkarte und Prozessor stark. Wenn bei Ihnen nach einem Mausklick erst nach einigen Sekunden etwas geschieht, sollten Sie also evtl. die visuellen Effekte reduzieren und so die Systemleistung wieder erhöhen.

1   Öffnen Sie die Systemsteuerung und klicken Sie oben rechts unter ❶ **Anzeige** auf **Große Symbole**.

2   Klicken Sie auf den Link ❷ **System** und dann oben links auf **Erweiterte Systemeinstellungen**.

Lassen Sie sich die erweiterten Systemeinstellungen anzeigen.

3   Wählen Sie das Register **Erweitert** und im Bereich **Leistung** die Schaltfläche **Einstellungen**.

4   Aktivieren Sie die Option ❸ **Für optimale Leistung anpassen**, um die visuellen Effekte abzuschalten.

5   Über die Option **Benutzerdefiniert** stellen Sie die visuellen Effekte individuell ein.

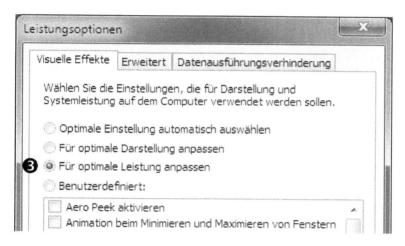

So schalten Sie alle überflüssigen optischen Effekte ab.

Überprüfen Sie den Arbeitsspeicher auf Fehler

Ihr System lief bislang immer tadellos, doch seit kurzer Zeit tauchen immer wieder unerklärliche Abstürze auf? Dann könnte daran ein defekter Speicherbaustein schuld sein. Mit der Speicherdiagnose, die in Windows 7 integriert ist, können Sie dies leicht überprüfen.

1   Starten Sie die Systemsteuerung und aktivieren Sie unter **Anzeige** die Einstellung **Große Symbole**.

2   Klicken Sie auf **Verwaltung** und doppelklicken Sie auf den Eintrag ❶
     Windows-Speicherdiagnose.

3   Sie erhalten jetzt die Möglichkeit, den Speichertest entweder ❷ sofort
     vorzunehmen oder erst beim nächsten Systemstart.

4   Nachdem das System neu gestartet wurde, beginnt die Diagnose Ihres
     Arbeitsspeichers. Über den aktuellen Fortschritt sowie eventuelle Fehler
     werden Sie dabei ausführlich informiert.

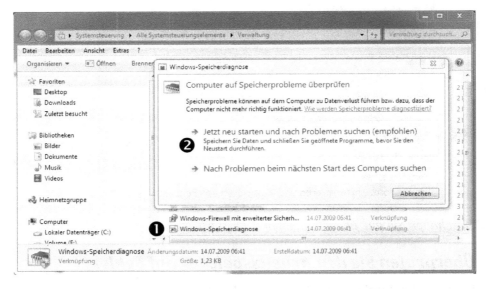

Überprüfen Sie bei sporadischen Systemabstürzen den Arbeitsspeicher.

Kontrollieren Sie bei Zugriffsfehlern die Berechtigungen

Wenn beim Öffnen einer Datei eine Meldung mit dem Hinweis angezeigt
wird, dass der Zugriff verweigert wurde, gehen Sie wie folgt vor:

1   Klicken Sie mit der rechten Maustaste auf die Datei oder den Ordner und
    wählen Sie aus dem Kontextmenü den Eintrag **Eigenschaften**.

2   Klicken Sie auf das Register **Sicherheit** und unter **Gruppen- oder**
    Benutzernamen auf Ihren ❶ Namen, um festzustellen, über welche ❷
    Berechtigungen Sie im System verfügen.

Lassen Sie sich Ihre Berechtigungen anzeigen.

Überprüfen Sie zusätzlich, ob die Datei verschlüsselt ist. Gehen Sie dazu wie
folgt vor:

1   Klicken Sie auf das Register **Allgemein** und anschließend auf **Erweitert**.

2   Ist das Kontrollkästchen ❸ **Inhalt verschlüsseln, um Daten zu schützen** aktiviert, benötigen Sie zum Öffnen der Datei das Zertifikat, mit dem sie verschlüsselt wurde.

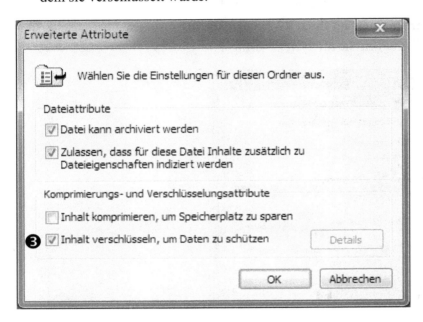

Wenn der Inhalt verschlüsselt ist, benötigen Sie ein Zertifikat für den Zugriff auf das Dokument.

Tipp! Windows 7 enthält einen Troubleshooting-Assistenten, der interaktiv eine Lösung zum ausgewählten Problem anbietet:

1   Klicken Sie auf den Startknopf und klicken Sie auf **Hilfe und Support**.

2   Geben Sie im Suchfeld Stichwörter zum Problem ein und wählen Sie den entsprechenden Eintrag.

Treiber-Troubleshooting

Wenn Ihr System nicht mehr startet oder regelmäßig abstürzt, sind die Windows-eigenen Systemfunktionen oft die letzte Rettung. Denn im abgesicherten Modus ist ein Start meist immer noch möglich. Anschließend können Sie Ihr System beispielsweise mit der Systemwiederherstellung in einen stabilen Zustand zurücksetzen.

Suchen Sie nach Treiberproblemen im Geräte-Manager

Wenn Treiber Probleme bereiten, reagiert Windows manchmal sehr empfindlich. Ein Blick in den bordeigenen Geräte-Manager bringt hier schnell Klarheit über die Fehlerursache. Dort finden Sie zahlreiche Informationen über Ihre Hardware und auch Hinweise auf mögliche Treiberfehler.

1 Um den Geräte-Manager zu aktivieren, drücken Sie die

Tastenkombination **<WIN>+<Pause>**. Klicken Sie auf den Link ❶ **Geräte-Manager**.

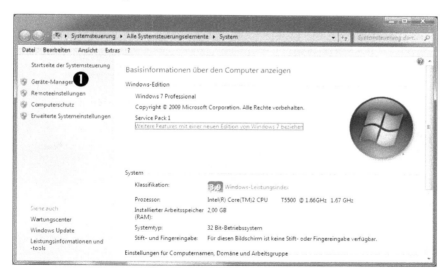

Aktivieren Sie den Geräte-Manager von Windows 7.

2   Um weitere Schaltflächen einzublenden, wählen Sie ein Gerät aus.
    Erweitern Sie beispielsweise den Eintrag **Grafikkarte** und klicken Sie auf
    den ❷ darunterliegenden Eintrag.

3   Klicken Sie ❸ hier, um nach neuer/geänderter Hardware zu suchen.

4   Ein Klick auf dieses ❹ Icon aktualisiert den Treiber für das ausgewählte
    Gerät.

5   Klicken Sie ❺ hier, um das ausgewählte Gerät zu deinstallieren.

6   Ein Klick auf dieses ❻ Icon deaktiviert das Gerät.

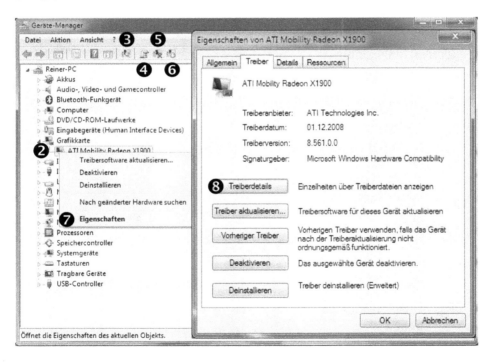

Der Geräte-Manager unter Windows 7.

7   Um weitere Details zu einem Treibereintrag zu erhalten, klicken Sie den betreffenden Treibereintrag mit der rechten Maustaste an. Wählen Sie dann den Eintrag ❼ **Eigenschaften**, wechseln Sie auf das Register **Treiber** und klicken auf die Schaltfläche ❽ **Treiberdetails**.

Wurde eine Komponente nicht ordnungsgemäß installiert, wird Ihnen dies im Geräte-Manager mit einem Warnhinweis angezeigt:

Warnhinweis	Erklärung
? Gelbes Fragezeichen	Mit einem großen gelben Fragezeichen kennzeichnet Windows Komponenten, die zwar von Windows korrekt erkannt wurden, für die aber noch keine Treiber installiert sind. Installieren Sie in diesem Fall den neuesten Treiber vom Hersteller dieses Geräts. Klicken Sie dazu den Eintrag mit der rechten Maustaste an und wählen **Treibersoftware aktualisieren**.
X Rotes Kreuz	Mit einem roten Kreuz kennzeichnet Windows Komponenten, die deaktiviert sind. Haben Sie das Gerät gerade neu installiert, starten Sie Ihr System neu, um das Gerät von Windows erkennen zu lassen. Haben Sie die Komponente deaktiviert, klicken Sie auf das Icon **Aktivieren** oben rechts im Geräte-Manager.
! Schwarzes Ausrufezeichen „!" auf gelbem Grund	Kritisch ist das gelbe Fehlersymbol mit einem Ausrufe-zeichen („!"). Windows hat das Gerät nicht erkannt und kann deshalb nicht darauf zugreifen. Um welches Problem es sich dabei handelt, verrät Ihnen der Geräte-Manager. Sie müssen dazu den betreffenden Eintrag nur doppelt anklicken. Meistens ist die Ursache ein defekter Treiber.

8   Um den Fehler zu beheben, doppelklicken Sie auf das entsprechende Warnsymbol.

9   Im Feld **Gerätestatus** erhalten Sie meistens nähere Informationen zu dem Problem.

10 Nach einem Klick auf die Schaltfläche **Problembehandlung** hilft Ihnen Windows 8 zudem bei der Reparatur, indem es Ihnen exemplarische Lösungsmöglichkeiten für einfache Fehlertypen zeigt.

11 Zusätzlich sollten Sie für die im Geräte-Manager mit einem Warnhinweis gekennzeichneten Hardware-Komponenten den jeweils aktuellsten Treiber installieren.

Wenn etwas mit Ihrer PC-Hardware nicht stimmt, zeigt der Geräte-Manager einen Fehlercode an. Nachfolgend finden Sie die wichtigsten Fehlercodes mit der dazu passenden Lösung:

Code	Meldung	Lösung
1	Das Gerät ist nicht richtig konfiguriert, weil die Hardwareerkennung fehlgeschlagen ist.	Dieser Code bedeutet, dass Windows das Gerät nicht konfigurieren kann. Zur Lösung des Problems folgen Sie den Anweisungen im Feld **Gerätestatus**. Sollte der Fehler danach nicht behoben sein, löschen Sie das Gerät aus dem Geräte-Manager und führen anschließend eine Neuinstallation mit dem Hardware-Assistenten durch. Auch eine Treiberaktualisierung kann weiterhelfen.
3	Gerätetreiber ist beschädigt oder Speicher bzw.	Aktualisieren Sie zuerst den Treiber für das Gerät. Führt dies nicht zur Lösung des Problems, entfernen Sie das Gerät aus dem

	Ressourcenmangel.	Geräte-Manager und installieren es neu. Überprüfen Sie den Speicher und die Systemressourcen Ihres Gerätes.
8	Das Gerät funktioniert nicht, da die Treiberdatei <Name> beschädigt ist.	Klicken Sie auf **Treibersoftware aktualisieren**.
10	Gerät nicht vorhanden, funktioniert nicht richtig oder Treiber ist nicht installiert.	Stellen Sie sicher, dass das Gerät korrekt angeschlossen ist. Sollte kein Verbindungsproblem vorliegen, aktualisieren Sie den Treiber.
18	Treiber muss installiert werden.	Der Treiber ist defekt, aktualisieren Sie den Treiber.
23	Das Problem liegt bei der Grafikkarte.	Entfernen Sie die Grafikkarte aus dem Geräte-Manager und starten Sie Ihren PC neu. Aktualisieren Sie den Grafikkartentreiber.
24	Gerät nicht vorhanden.	Hardware ist defekt oder es wird ein neuer Treiber benötigt.

Durchsuchen Sie das Systemprotokoll nach fehlerhaften Treibern

Sollte das Problem durch die Aktualisierung des Treibers nicht gelöst sein, untersuchen Sie mit der Ereignisanzeige das Systemprotokoll:

1   Drücken Sie den Startknopf und aktivieren Sie die Systemsteuerung.

Treiber-Troubleshooting

2   Klicken Sie auf **System und Sicherheit – Verwaltung** und doppelt auf
den Eintrag ❶ **Ereignisanzeige**.

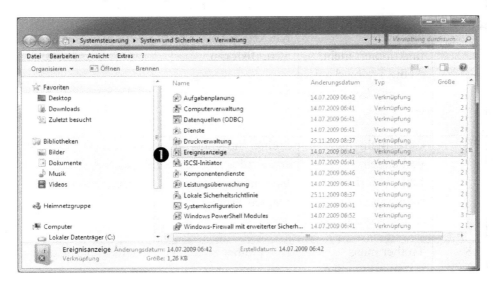

Starten Sie die Ereignisanzeige über die Systemsteuerung.

3   Erweitern Sie im linken Fensterteil durch einen Klick auf das kleine
Dreieck den Ordner ❷ **Windows-Protokolle**.

4   Klicken Sie auf den Eintrag ❸ **System**, um sich das Systemprotokoll
anzeigen zu lassen. In diesem Protokoll finden Sie Ereignisse, die von den
Windows-Systemkomponenten protokolliert wurden. Hier werden
beispielsweise Fehler beim Laden eines Gerätetreibers oder Startfehler im
Zusammenhang mit anderen Systemkomponenten aufgezeichnet.

5   Klicken Sie auf ❹ **Ebene** und scrollen Sie dann im Fenster wieder nach
oben, um am Anfang der Liste alle Fehler anzuzeigen.

6   Durchsuchen Sie die Einträge, die als Fehler gekennzeichnet sind. Wenn
    Sie unter ❺ **Quelle** einen Eintrag zu einem Treiber ausmachen,
    doppelklicken Sie auf diesen Eintrag. Anschließend erhalten Sie weitere
    Informationen über diesen Treiber, den Sie erneuern sollten.

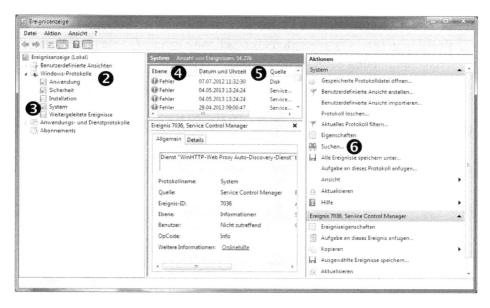

*Im Systemprotokoll hinterlegt Windows 7 Meldungen, die von Treibern oder
Diensten ausgelöst werden.*

Tipp! Aktivieren Sie die ❻ **Suchen**-Funktion und durchsuchen Sie
zusätzlich das Systemprotokoll nach Einträgen, die den Text **Treiber**
beinhalten.

Nutzen Sie die Treiber-Infozentrale von Windows

Windows 7 enthält das Programm Systeminformation für die Suche nach
Treiberfehlern. Um das Tool zu starten, drücken Sie <**WIN**>+<**R**>. Geben Sie
msinfo32 ein und bestätigen Sie mit <**Return**>.

Treiber-Troubleshooting

1   In der Rubrik **Systemübersicht** finden Sie im Ordner
    Hardwareressourcen den Eintrag ❶ **Konflikte/Gemeinsame Nutzung**.
    Benutzt ein nicht funktionierendes neues Gerät dieselben Ressourcen wie
    ein anderes Gerät, haben Sie den Fehler gefunden.

2   Im Ordner **Komponenten** finden Sie den hilfreichen Eintrag ❷
    Problemgeräte. Darin werden eventuell vorhandene Geräte ohne korrekte
    Treiberanbindung aufgeführt.

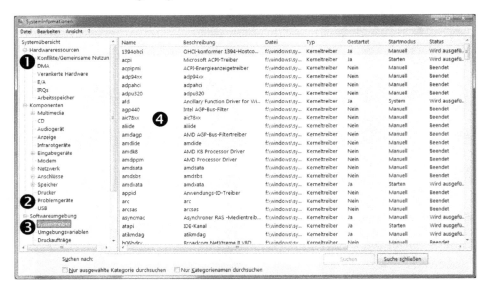

*Über die Systeminformationen finden Sie alles Wissenswertes zu den
Systemtreibern.*

3   Im Ordner **Softwareumgebung** hilft Ihnen der Eintrag ❸
    Systemtreiber. Hier erfahren Sie neben dem ❹ Namen des Treibers
    auch den dazugehörigen Dateinamen, den Startzustand und Modus der
    einzelnen Treiber sowie weitere Informationen.

74

Checken Sie die unsignierten Treiber in Ihrem System

Windows 7 prüft während der Installation, ob ein Gerätetreiber von Microsoft getestet wurde und digital signiert ist. Ist dies nicht der Fall, erhalten Sie bei der Installation einen entsprechenden Warnhinweis.

Nicht von Microsoft signierte Treiber gibt es viele und die meisten funktionieren auch einwandfrei. Aber nicht signierte Treiber können auch die Ursache für eine Systemstörung sein. Es lohnt sich also zu überprüfen, welche nicht signierten Treiber in Ihrem System installiert sind:

1   Drücken Sie <**WIN**>+<**R**>, geben Sie den Befehl **sigverif** ein und drücken Sie <**Return**>.

2   Aktivieren Sie den Treibercheck mit einem Klick auf die Schaltfläche ❶ **Starten**.

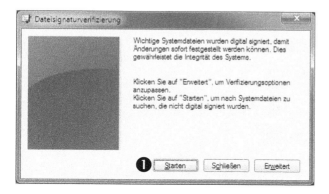

Ermitteln Sie die unsignierten Treiber in Ihrem System.

3   Nach ungefähr einer Minute werden Ihnen alle unsignierten Treiber angezeigt. Die meisten Treiber besitzen die Dateiendung *.SYS oder *.DRV.

4   Suchen Sie dann für die in der Liste angegebenen problematischen Treiber auf den Herstellerseiten nach Treibern, die von Microsoft signiert wurden. Installieren Sie stattdessen diese Treiber.

Beheben Sie Treiber-Pannen beim Austausch der Grafikkarte

Häufig gibt es Probleme, wenn eine neue Grafikkarte ein älteres Modell ersetzt. Das ist besonders der Fall, wenn die neue Grafikkarte mit einem anderen GPU-Typ als das Vorgängermodell ausgestattet ist. Löschen Sie deshalb vor dem Austausch den Treiber Ihrer alten Grafikkarte. Windows setzt dann anstelle des herstellerspezifischen Treibers den VGA-Standardtreiber ein.

1   Drücken Sie dazu die Tastenkombination <**WIN**>+<**Pause**>.

2   Klicken Sie auf den Link **Geräte-Manager**.

3   Erweitern Sie den Eintrag ❶ **Grafikkarte** und doppelklicken Sie auf den ❷ Eintrag für Ihre Grafikkarte.

4   Klicken Sie auf das Register ❸ **Treiber** und anschließend auf die Schaltfläche ❹ **Deinstallieren**.

5   Fahren Sie anschließend Windows herunter und trennen Sie den PC vom Stromnetz.

6   Tauschen Sie die Grafikarte aus und starten Sie anschließend Ihr System.

Treiber-Troubleshooting

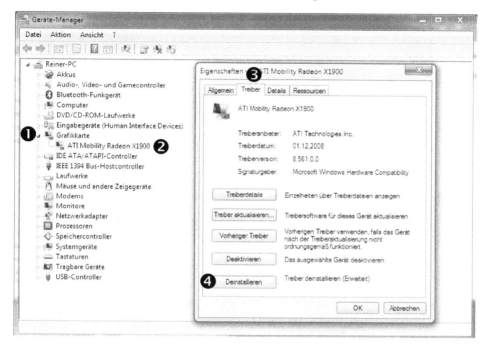

Entfernen Sie den Grafikkartentreiber mithilfe des Geräte-Managers.

7   Installieren Sie den neuesten Treiber für die Grafikkarte direkt vom Hersteller. Dieser bietet meist ein eigenständiges Paket mit Installations-Assistenten für die Grafikkarte an.

Verwenden Sie den aktuellsten Treiber für Ihre Grafikkarte

Bei Problemen mit Ihrer Grafikkarte sollten Sie als Erstes den Grafikkartentreiber aktualisieren. Verwenden Sie dafür den Treiber des Chipherstellers der Karte. Dieser Treiber bietet Ihnen meist die beste Performance und zusätzliche Funktionen. Die Version Ihres Treibers ermitteln Sie am schnellsten über das DirectX-Diagnoseprogramm:

Treiber-Troubleshooting

1 Drücken Sie <**WIN**>+<**R**>, geben Sie **dxdiag** ein und drücken Sie <**Return**>. Bestätigen Sie die Sicherheitsabfrage mit einem Klick auf **Ja**.

2 Klicken Sie auf das Register ❶ **Anzeige**, um sich die Informationen zu Ihrem Grafikkartentreiber anzeigen zu lassen.

3 Kontrollieren Sie das ❷ Datum des aktuellen Treibers.

4 Das Tool testet automatisch Ihr Grafiksystem und meldet Ihnen im ❸ unteren Bereich mögliche Ursachen für Grafikprobleme.

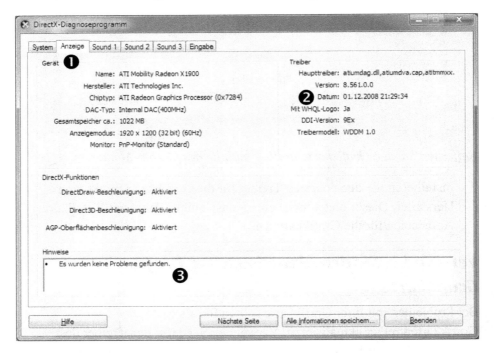

Der Grafikkartentreiber ist veraltet und sollte erneuert werden.

Tipp! Aber auch wenn Ihr Grafiksystem stabil läuft, sollten Sie alle zwei Monate Ihren Grafikkartentreiber aktualisieren. Das gilt besonders, wenn Sie

78

aufwendige 3D-Anwendungen einsetzen. Denn durch ein Treiber-Update beseitigen Sie Fehler bei der Anzeige von Texturen und holen sich kostenlos neue Funktionen.

Sie erhöhen damit außerdem die Kompatibilität und optimieren oft auch die Performance Ihrer Grafikkarte bzw. des Onboard-Grafikchips. Aktuelle Treiber finden Sie auf den Internetseiten der Chiphersteller wie ATI (www.ati.com/de) oder NVIDIA (www.nvidia.de).

Alternativ bieten einige Hersteller von Grafikkarten aber auch eigene Treiber für ihre Karten an. Diese bieten gelegentlich zusätzliche Funktionen, die genau auf die Karte abgestimmt sind. Dazu zählen beispielsweise die Treiber von ASUS.

Den Treiber auf der Installations-CD zur Grafikkarte sollten Sie hingegen nicht verwenden, da er in der Regel veraltet ist. Den mitgelieferten Grafikkartentreiber können Sie allenfalls als Notlösung einsetzen, wenn überhaupt kein anderer Treiber zur Hand ist.

Lösen Sie STOP-Fehler, die durch fehlerhafte Treiber ausgelöst werden

Beschädigte oder falsch programmierte Treiber lösen meist einen STOP-Fehler aus, der in Form eines Bluescreen angezeigt wird. Stoppt Windows mit einem Bluescreen, geht anschließend nichts mehr. Der Windows-Kernel hat eine Situation festgestellt, die er ohne mögliche System-Inkonsistenzen oder Datenverluste nicht mehr beheben kann.

Der Kernel reagiert auf diesen Ausnahmezustand mit einem „Bug Check", hält Ihr System gezielt an und gibt Ihnen anschließend auf einem blauen Bildschirm mit einer ❶ Fehlermeldung in weißer Schrift Hinweise zu dem aufgetretenen Problem. Bevor es zum eigentlichen Stopp kommt, kann das System aber auch noch ein Speicherabbild für weiterführende Analysen in einer Datei sichern.

```
①
*** STOP: 0x0000001E  (0xC0000005, 0xF24A447A, 0x00000001, 0x00000000)
KMODE_EXCEPTION_NOT_HANDLED

*** Address F24A447A base at F24A0000, DateStamp 35825ef8d - wdmaud.sys

If this is the first time you've seen this Stop error screen, restart your
computer.  If this screen appears again, follow these steps:

Check to be sure you have adequate disk space.  If a driver is identified in
the Stop message, disable the driver or check with the manufacturer for
driver updates.  Try changing video adapters.

Check with your hardware vendor for any BIOS updates.  Disable BIOS memory
options such as caching or shadowing.  If you need to use Safe Mode to
remove or disable components, restart your computer, press F8 to select
Advanced Startup Options, and then select Safe Mode.

Refer to your Getting Started manual for more information on troubleshooting
Stop errors.

Kernel Debugger Using: COM2 (Port 0x2f8, Baud Rate 19200)
Beginning dump of physical memory
Physical memory dump complete.  Contact your system administrator or
technical support group.
```

Ein Bluescreen unter Windows.

Tipp! Beim Auftreten eines STOP-Fehlers sollten Sie zuerst Ihr System auf die zuletzt funktionierende Systemkonfiguration zurücksetzen. Sollte der Fehler beim Systemstart auftreten, aktivieren Sie dazu den abgesicherten Modus.

STOP-Fehler werden zu 90 % durch Treiberfehler ausgelöst. Beachten Sie dabei den entsprechenden Fehlercode im rechten Teil der Fehlermeldung. Folgende Codes verweisen auf einen Treiberfehler:

Fehlertext	Beschreibung
CM_PROB_NOT_ CONFIGURED	Keine Treiber verfügbar
CM_PROB_FAILED_ START	Treiber oder Gerät defekt

Treiber-Troubleshooting

Fehlertext	Beschreibung
CM_PROB_PARTIAL_ LOG_CONF	Fehlerhafte Hardware oder fehlerhafter Gerätetreiber
CM_PROB_UKNOWN_RESOURCE	Defekter oder ungültiger Gerätetreiber
CM_PROB_DEVICE_ NOT_THERE	Treiber fehlerhaft
CM_PROB_FAILED_ INSTALL	Defekte Treiberinfodatei
PROCESS_HAS_LOCKED_PAGES	Treiber fehlerhaft
NO_MORE_SYSTEM_PTES	Treiber fehlerhaft
IRQL_NOT_LESS_OR_EQUAL	Fehlerhafter Treiber oder defekte Hardware
KMODE_EXCEPTION_NOT_ HANDLED	Treiber fehlerhaft

Die Fehlercodes geben Ihnen Auskunft über die Art des Treiberfehlers – Abhilfe schaffen Sie, indem Sie einen neuen Treiber installieren.

Druckerprobleme schnell gelöst

Wenn der Drucker rein technisch in Ordnung ist und Windows 7 trotzdem keinen Ausdruck zustande bringt, beginnt oft eine mühsame Fehlersuche. Nach der Überprüfung von den Bedienungselementen, Kabel und Papiervorrat verbleibt nur noch ein Systemproblem.

Setzen Sie den Druck-Ratgeber ein

Eine zeitaufwändige und komplizierte Fehlersuche können Sie vermeiden, wenn Sie den Druck-Ratgeber in Anspruch nehmen. Dieser führt Sie interaktiv Schritt-für-Schritt zur Lösung des Druckproblems:

1   Aktivieren Sie die Systemsteuerung und wählen unter **Anzeige** den Eintrag **Große Symbole** aus.

2   Klicken Sie auf **Wartungscenter** und dort im unteren Bereich auf den Link **Problembehandlung**.

3   Klicken Sie auf den Link ❶ **Drucker verwenden** und im nächsten Fenster auf die Schaltfläche **Weiter**.

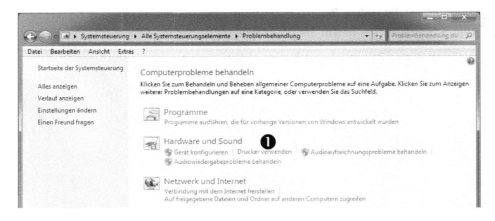

Analysieren Sie den Fehler mit der Problembehandlung.

4   Anschließend wird die Problembehandlung gestartet und mögliche
     Druckerfehler analysiert.

5   Klicken Sie auf ❷ **Diese Reparaturen als Administrator ausführen**.

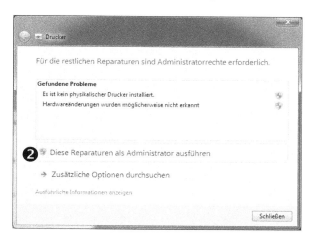

Lassen Sie das Druckerproblem vom System lösen.

Installieren Sie den Druckertreiber neu

Wenn der oben beschriebene Druck-Ratgeber keine Lösung des Problems
findet und die Drucker-Eigenschaften ordnungsgemäß eingestellt sind, sollten
Sie zur Lösung des Problems den Druckertreiber entfernen und neu
installieren.

1   Starten Sie dazu die Systemsteuerung und klicken Sie in der ❸

     Kategorie-Ansicht im Bereich **Hardware und Sound** auf ❹ **Geräte
     und Drucker anzeigen**.

Druckerprobleme schnell gelöst

Lassen Sie sich die installierten Drucker anzeigen.

2 Klicken Sie mit der rechten Maustaste auf den Drucker, den Sie entfernen möchten und wählen Sie den Eintrag ❺ **Gerät entfernen**.

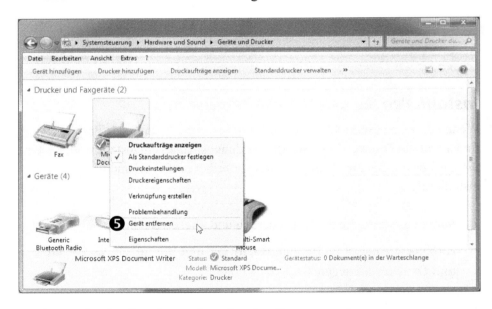

Entfernen Sie den Druckertreiber über das Kontextmenü.

3   Installieren Sie anschließend den Druckertreiber neu. Sofern Ihr
    Druckerhersteller eine spezielle Installationsroutine bereitstellt,
    verwenden Sie diese in der neuesten Version von der Support-Seite des
    Herstellers im Internet. Wenn nicht, setzen Sie wie nachfolgend
    beschrieben den Druckerinstallations-Assistenten ein.

Richten Sie den Drucker mit dem Installations-Assistenten ein

Wenn Ihr Drucker über einen USB-Anschluss verfügt, sollte der Drucker beim
Anschließen automatisch von Windows erkannt und installiert werden. Wenn
nicht, müssen Sie den Drucker manuell installieren. Folgen Sie dazu einfach
der nachfolgenden Schritt-für-Schritt-Anleitung:

1   Aktivieren Sie die Systemsteuerung und geben Sie oben rechts in das
    Suchen-Feld den Text **drucker** ein.

2   Klicken Sie im Bereich **Geräte und Drucker** auf ❶ **Drucker
    hinzufügen**.

Setzen Sie zum Installieren den Druckerinstallations-Assistenten ein.

3   Wählen Sie im Druckerinstallations-Assistenten den Punkt **Einen lokalen
    Drucker hinzufügen**.

4   Geben Sie den vorhandenen Anschluss an und klicken Sie auf **Weiter**.

5 Wählen Sie auf der Seite **Den Druckertreiber installieren** den Druckerhersteller und das Druckermodell aus und klicken Sie auf **Weiter**.

- Wenn Ihr Drucker nicht aufgelistet ist, klicken Sie auf **Windows Update** und warten Sie, während Windows nach zusätzlichen Treibern sucht.

- Wenn keine Drucker verfügbar sind und Sie über die Installations-CD verfügen, klicken Sie auf **Datenträger** und navigieren Sie dann zum Ordner in dem der Druckertreiber gespeichert ist.

6 Folgen Sie abschließend den Anweisungen des Assistenten und klicken Sie auf **Fertig stellen**.

Kontrollieren Sie die Druckwarteschlange

Der Druckvorgang unter Windows wird über den Spooler-Dienst (Druckwarteschlange) abgewickelt. Dieser Dienst muss aktiviert sein, ansonsten ist das Drucken nicht möglich und Sie erhalten die Fehlermeldung, dass der Dienst nicht gestartet wurde.

Um zu überprüfen, ob der Dienst aktiviert ist, gehen Sie wie folgt vor:

1 Aktivieren Sie die Systemsteuerung und geben Sie oben rechts im Suchfeld den Text **dienste** ein.

2 Klicken Sie dann auf den Link ❶ **Lokale Dienste anzeigen**.

Lassen Sie sich die lokalen Dienste anzeigen.

3   Doppelklicken Sie auf den Dienst ❷ **Druckwarteschlange**.

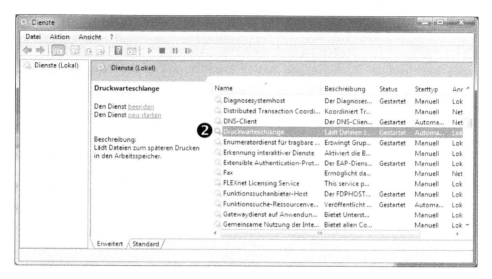

Lassen Sie sich die Eigenschaften der Druckwarteschlange anzeigen.

4   Stellen Sie den Starttyp auf ❸ **Automatisch** ein und starten Sie den
     Dienst neu, falls dieser beendet ist.

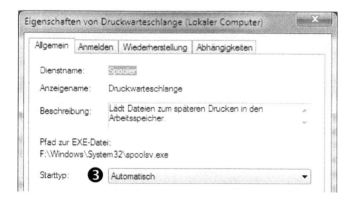

Stellen Sie sicher, dass der Spooler-Dienst gestartet wurde.

Prüfen Sie die Einstellungen im BIOS

Streikt Ihr neuer Drucker oder ein anderes externes Gerät, könnte möglicherweise auch im BIOS etwas falsch eingestellt sein. Überprüfen Sie daher im Menü **Integrated Peripherals** oder **Advanced – I/O Device Configuration** die Einstellungen zu den integrierten Peripheriegeräten.

Tipp! Um das BIOS-Setup zu aktivieren, drücken Sie je nach BIOS-Hersteller beim PC-Start eine der folgenden Tasten: <**F1**>, <**Entf**>, <**Strg**>+<**Alt**>+<**Esc**> oder <**Strg**>+<**Esc**>. Welche Taste das ist, wird beim Systemstart angezeigt.

- **Onboard Parallel Port**: Stellen Sie hier **Auto** bzw. **378/IRQ7** ein. Die Standardadresse der ersten parallelen Schnittstelle LPT1 ist 378h, LPT2 wird auf 278h gelegt. Bietet das Menü die Option Auto, kann das BIOS eine andere Adresse konfigurieren, falls es bei der Standardadresse Probleme gibt.

- **Parallel Port Mode**: Diese Option bestimmt die Datenübertragungsart für die parallele Schnittstelle. Die beste Einstellung ist hier **ECP** (Extended Capability Port). Das ist die schnellste Übertragungsart, weil sie unter anderem die Datenkomprimierung beherrscht. Sie benötigt aber auch einen zusätzlichen DMA-Kanal. Sollten Sie Probleme mit Ihrem Drucker haben, versuchen Sie die Einstellung **EPP** (Enhanced Parallel Port).

- **USB Device**: Diese Einstellung sollten Sie auf **Enabled** setzen, um die USB-Ports auf Ihrem Motherboard verwenden zu können.

- **OnChip 1394**: Hier konfigurieren Sie den Onboard-FireWire-Anschluss. Um diesen zu aktivieren, stellen Sie die Option auf **Auto**. Sollten Sie FireWire nicht nutzen, können Sie die FireWire-Schnittstelle mit **Disabled** auch deaktivieren.

Druckerprobleme schnell gelöst

CMOS Setup Utility - Copyright © 1984-2006 Award Software
I/O Device Configuration

		Item Help
Onboard Serial Port	[Auto]	
Onboard Parallel Port	[Auto]	Menu Level ►
Parallel Port Mode	[ECP]	
USB Device	[Enabled]	BIOS can automatically Configure all the
USB Keyboard Support	[Enabled]	Boot and Plug and Play
OnChip 1394	[Auto]	Compatible devices. If you cannot select IRQ
Infrared-Port	[Auto]	DMA and memory base
Onboard 6Ch H/W Audio	[Enabled]	Adress fields, since BIOS automatically
Joystick	[Enabled]	Assigns them

Move Enter: Select +/-/PU/PD:Value F10:Save ESC:Exit
F1:General Help F5:Previus Values F7: BIOS Setup Defaults

Hier finden Sie die BIOS-Optionen für Ihre Schnittstellen.

Hinweis: Sollte Ihr System durch das Verändern der BIOS-Optionen instabil werden, aktivieren Sie im Hauptmenü mit **Load BIOS Setup Defaults** wieder die vom Hersteller vorgegebenen Standardwerte. Da diese auf ein stabiles System hin optimiert sind, sollte Ihr PC anschließend wieder fehlerfrei arbeiten.

Checkliste: Erste Hilfe bei Druckerproblemen

Oft sind die Ursachen für ein Druckerproblem trivial, anhand der folgenden Checkliste können Sie die Ursache schnell finden:

• Ist das Netzkabel an den Drucker und eine stromführende Steckdose angeschlossen?

• Sind der Drucker und der Computer eingeschaltet?

89

Druckerprobleme schnell gelöst

- Ist das USB-Kabel an den Drucker und an den Computer angeschlossen?

- Blinken Druckerleuchten oder zeigt das Display eine Warnung an? Informationen hierzu finden Sie im Drucker-Handbuch.

- Bei Tintendruckern: Haben Sie den Aufkleber und das Klebeband auf Rück- und Unterseite der Tintenpatronen entfernt?

- Bei Laserdruckern: Haben Sie die Schutzfolie am Tonerausgang der Kartusche entfernt?

- Ist das Papier vorschriftsmäßig eingelegt? Stellen Sie sicher, dass das Papier nicht zu weit in den Drucker geschoben wurde.

- Ist der Drucker als Standarddrucker eingerichtet? Wenn Nein, definieren Sie den Drucker als Standard:

1 Wechseln Sie in die Systemsteuerung und aktivieren Sie den Drucker-Dialog.

2 Klicken Sie mit der rechten Maustaste auf den ❶ Drucker und vergewissern Sie sich, dass die Option ❷ **Als Standarddrucker festlegen** ausgewählt ist.

Bestimmen Sie den Standarddrucker.

Registry-Troubleshooting

Die Registrierungsdatenbank (Registry) von Windows 7 dient als zentrale Sammelstelle für alle systemspezifischen Einstellungen. Sie speichert die Informationen zu Hardware-Konfiguration, Einstellungen von Programmen sowie Benutzereinstellungen zu Desktop und Startmenü. Hier sind Sie also genau richtig, wenn Sie Windows individuell konfigurieren und hartnäckige Systemstörungen beseitigen möchten.

So starten Sie den Registrierungseditor

Um die in diesem Kapitel vorgestellten Registry-Einstellungen vorzunehmen, benötigen Sie den Registrierungseditor von Windows. Um den Start dieses Tools nicht bei jeder Registry-Einstellung immer wieder zu beschreiben, geschieht dies einmalig an dieser Stelle. Um den Registrierungseditor zu starten, gehen Sie folgendermaßen vor:

1 Drücken Sie <**WIN**>+<**R**>, um den **Ausführen**-Dialog anzuzeigen.

2 Geben Sie im Feld **Öffnen** den Befehl ❶ **regedit** ein und klicken Sie auf die Schaltfläche ❷ **OK**. Bestätigen Sie ggf. die Sicherheitsmeldung mit einem Klick auf **Ja**.

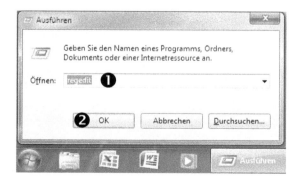

Starten Sie den Registrierungseditor über den Ausführen-Dialog.

91

Sicher ist sicher: Sichern Sie die Registry

Bevor Sie die nachfolgenden Registry-Einstellungen ausprobieren, sollten Sie Ihre Registry sichern. Keine Angst! Alle in diesem Kapitel aufgeführten Registry-Einstellungen sind ausführlich auf ihre Funktionen getestet. Aber sicher ist sicher – überlassen Sie nichts dem Zufall.

Starten Sie, wie auf der vorherigen Seite beschrieben, den Registrierungseditor und wählen Sie den Schlüssel aus, welchen Sie sichern möchten.

1   Klicken Sie jetzt im Menü auf ❶ **Datei – Exportieren** und vergeben Sie eine Bezeichnung für den Schlüssel.

2   Wählen Sie einen ❷ Speicherort für den Schlüssel und klicken Sie auf **Speichern**.

3   Um den Schlüssel im Bedarf wiederherzustellen, doppelklicken Sie auf die erstellte Datei und bestätigen die Sicherheitsabfrage mit einem Klick auf **Ja**.

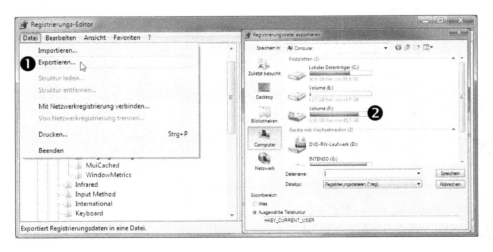

So sichern Sie einen einzelnen Registry-Schlüssel.

Beseitigen Sie Verzögerungen beim Programmstart

Wenn Programme erst nach einer kleinen Verzögerung starten, können Sie das mit einem Eingriff in der Registry ändern.

1   Wechseln Sie zum Schlüssel HKEY_CURRENT_USER\Software\ Microsoft\Windows\CurrentVersion\Explorer.

2   Legen Sie unter **Explorer** den Schlüssel **Serialize** an. Klicken Sie dazu auf **Explorer** und wählen **Bearbeiten – Neu – Schlüssel**.

3   Klicken Sie mit der rechten Maustaste in den rechten Fensterteil und wählen Sie aus dem Kontextmenü den Eintrag ❶ **Neu – DWORD-Wert (32-Bit)**.

4   Vergeben Sie für den Eintrag die Bezeichnung ❷ **StartupDelayInMSec** und belassen Sie den Wert auf **0**.

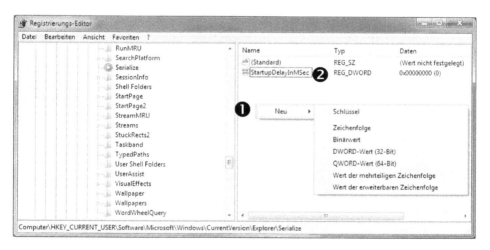

Beschleunigen Sie den Programmstart mit einem Eingriff in die Registry.

Lassen Sie nach der Installation das DVD-Laufwerk wieder anzeigen

Bei älteren DVD-Laufwerken kann es vorkommen, dass diese nach der Installation von Windows 7 nicht mehr angezeigt werden. Um das Problem zu beheben, gehen Sie wie folgt vor:

1 Wechseln Sie zum Schlüssel HKEY_LOCAL_Machine\SYSTEM\ CurrentControlSet\ Services\atapi\Controller0.

2 Wenn in der rechten Fensterhälfte der Eintrag ❶ **EnumDevice1** fehlt, legen Sie diesen neu an.

3 Weisen Sie dem Eintrag den ❷ Wert **1** zu und klicken Sie auf **OK**.

4 Starten Sie das System neu, jetzt sollten die DVD-Laufwerke wieder angezeigt werden.

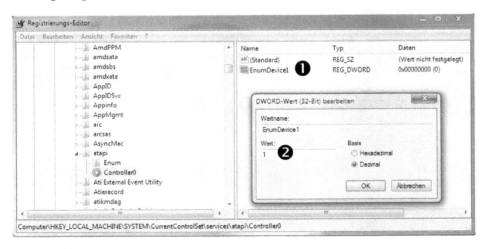

Binden Sie ältere ATAPI-Laufwerke in das Dateisystem ein.

94

Beseitigen Sie doppelte Links auf dem Desktop

Wenn Sie auf dem Desktop eine Verknüpfung anlegen, erscheint diese manchmal in zweifacher Ausführung. Sie sehen dann zwei Icons mit identischem Namen. Dahinter stehen aber offensichtlich nicht zwei verschiedene Dateien. Denn wenn Sie in den Eigenschaften nachsehen, zeigen dort beide Links den gleichen Pfad. Außerdem verschwinden die Verknüpfungen auch wieder paarweise, wenn Sie nur eine von beiden löschen. So korrigieren Sie das Problem:

1   Navigieren Sie zum Schlüssel HKEY_LOCAL_MACHINE\SOFTWARE\ Microsoft\Windows\CurrentVersion\Explorer\UserShell Folders.

2   Doppelklicken Sie im rechten Fensterteil auf den Eintrag ❶ **Common Desktop** und weisen ihm den Wert ❷ **%PUBLIC%\Desktop** zu.

3   Starten Sie Ihr System neu, damit für eine Verknüpfung nunmehr ein Icon angezeigt wird.

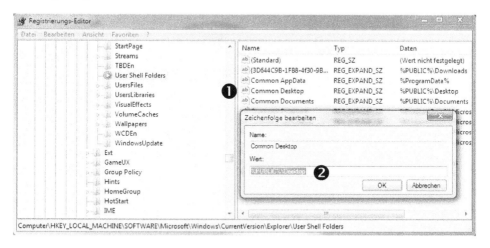

So lösen Sie das Desktop-Chaos mit den doppelten Icons.

Schotten Sie die Explorer-Fenster voneinander ab

Wenn Sie im Windows- oder im Internet Explorer mehrere Fenster geöffnet haben und der Explorer dann abstürzt, werden auch die Fenster geschlossen. Das können Sie verhindern, wenn Sie jedem Explorer-Fenster einen eigenen Prozess zuordnen. So aktivieren Sie die Funktion:

1 Wechseln Sie zum Schlüssel ❶ HKEY_CURRENT_USER\Software\ Microsoft\Windows\ CurrentVersion\Explorer\Advanced.

2 Erstellen Sie den Eintrag ❷ **SeparateProcess** (DWORD-Wert), wenn dieser noch nicht vorhanden ist. Weisen Sie ihm den Wert **1** zu.

3 Bei einem Absturz wird dann nur noch das betreffende Explorer-Fenster geschlossen.

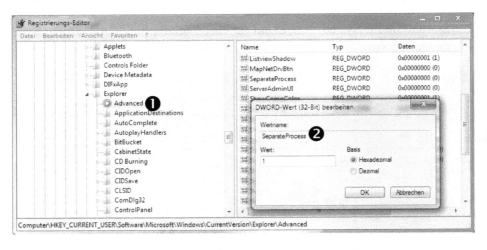

Teilen Sie Windows- und Internet Explorer einen eigenen Prozess zu.

Tipp! Setzen Sie den Wert auf **0** oder löschen Sie den Wert einfach, wenn Sie eine Änderung in der Registry wieder auf die Voreinstellung setzen möchten.

Binden Sie die Bluetooth-Geräte wieder in Ihr System ein

Unter Windows 7 kann es Probleme mit Ihren Bluetooth-Geräten geben. Entweder werden sie nicht korrekt erkannt, Dienste funktionieren nicht oder Sie können keine Verbindung zu den Geräten herstellen. So schaffen Sie Abhilfe:

1 Wechseln Sie zum Schlüssel ❶ HKEY_LOCAL_MACHINE\SYSTEM\ CurrentControlSet\Control\Class\{e0cbf06c-cd8b-4647-bb8a-263b43f0f974}.

2 Klicken Sie den Eintrag mit der rechten Maustaste an und ❷ löschen Sie ihn.

Löschen Sie den Bluetooth-Eintrag in der Registry.

3 Starten Sie den Geräte-Manager: <**WIN**>+<**Pause**> und klicken Sie auf **Geräte-Manager**.

4 Markieren Sie den Bluetooth-Eintrag des betreffenden Geräts und löschen Sie diesen.

5 Wählen Sie ❸ **Aktion – Nach geänderter Hardware suchen** und installieren Sie den Bluetooth-Treiber neu.

Entfernen und installieren Sie den Bluetooth-Treiber neu.

Reparieren Sie die umgeleitete Startseite im Internet Explorer

Die Manipulation des Internet Explorer erfreut sich wachsender Beliebtheit bei Anbietern von meist unseriösen Angeboten. Nach dem Besuch einer Seite wird diese dann ohne Nachfrage einfach als Startseite eingetragen. Durch einen Klick auf **Extras – Internetoptionen** im Internet Explorer, können Sie die gewünschte Website im Bereich Startseite zwar schnell wieder herstellen. Manchmal ist diese Funktion aber blockiert worden.

Um die Standardseite wiederherzustellen, müssen Sie dann einige Schlüssel aus der Registry entfernen:

1   Wechseln Sie zum Schlüssel HKEY_CURRENT_USER\Software\ Microsoft\Internet Explorer\Main.

2   Suchen Sie im rechten Fenster die Einträge ❶ **Search Bar**, **Search Page** und **Start Page**.

3   Falls vorhanden, klicken Sie mit der rechten Maustaste auf die Einträge und ❷ löschen diese. Es müssen nicht alle der obigen Einträge vorhanden sein. Löschen Sie einfach die, die vorhanden sind.

4   Dadurch wird die gewohnte Startseite und die Einstell-Funktion im
     Bereich **Startseite** wieder aktiviert.

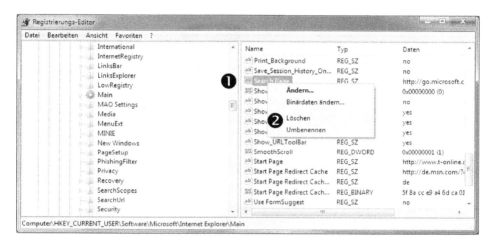

Stellen Sie die gewohnte Startseite wieder her.

So lassen sich Ihre Anwendungen wieder installieren

Wenn bei der Installation einer Anwendung die Installations-Routine plötzlich
einfriert, liegt das meist an einer fehlerhaften Einstellung in der Registry. So
berichtigen Sie die Einstellung und bringen den Windows-Installer wieder
zum Laufen:

1   Wechseln Sie zum Schlüssel ❶ HKEY_CURRENT_USER\Software\
     Microsoft\Windows\CurrentVersion\Explorer\Shell Folders.

2   Doppelklicken Sie auf den Eintrag **Recent** und tragen Sie hier den Pfad
     ❷ C:\Users\<*Benutzername*>\AppData\Roaming\ Microsoft\Windows\
     Recent ein. Der Eintrag <*Benutzername*> steht für den aktuell
     angemeldeten Anwender am System.

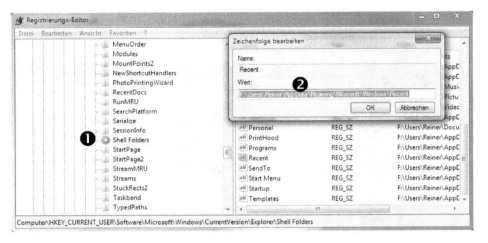

Reparieren Sie den Windows Installer durch einen kleinen Eingriff in die Registry.

Beseitigen Sie DLL-Fehler und ordnen Sie einem Programm die richtigen DLLs zu

DLLs haben viele Vorteile: Mehrere Programme können eine gemeinsame DLL verwenden. Das spart zum einen erheblich Speicherplatz, zum anderen werden die ausführbaren Programme durch die Anbindung der DLL-Routinen zur Laufzeit erheblich kleiner. Das wiederum wirkt sich positiv auf die Verteilung und die Ladezeit aus. Darüber hinaus tragen die DLLs auch zur Standardisierung bei. So wird beispielsweise von fast allen Programmen zur Auswahl von Dateien immer der gleiche Microsoft-Standarddialog verwendet.

Der Nachteil: Durch eine immer noch nicht ausgereifte und unzureichende Versionsverwaltung können falsche oder fehlerhafte DLLs Programmabstürze verursachen oder sogar Ihr System lahmlegen.

Anwendungsspezifische DLLs sollten normalerweise im Ordner des jeweiligen Programms gespeichert sein. Das ist jedoch leider nicht immer der Fall. Denn manche Programmierer speichern ihre DLLs einfach im Windows-

Systemordner. Wenn dort bereits eine DLL mit demselben Namen existiert und die Installationsroutine diesen Fall nicht abfragt, wird diese DLL einfach überschrieben. Andere Entwickler liefern bestimmte Versionen der verwendeten System-DLLs mit der Installationsroutine aus und legen diese DLLs redundant im Programmordner ab, was auch nicht Sinn der Sache ist.

Beim Laden einer Anwendung kann es dann zum Zugriff auf eine gleichnamige, jedoch nicht zur Anwendung gehörende, DLL kommen. Denn die benötigte DLL wird zuerst immer im jeweiligen Programmordner gesucht und von dort geladen.

Ist die DLL dort nicht zu finden, wird sie in den Windows-System-Ordnern **\WINDOWS\system** bzw. **\WINDOWS\system32** und danach im Ordner **\WINDOWS** gesucht und ggf. von dort aus gestartet. Wurde die DLL bereits von einem anderen Programm angefordert und befindet sich noch im Speicher, wird jedoch auf die im Speicher befindliche DLL zugegriffen. Damit ist jedoch nicht sichergestellt, dass es sich um die richtige DLL handelt. Den Zugriff auf die falsche DLL allerdings quittiert das jeweilige Programm mit einer Fehlermeldung oder stürzt komplett ab.

Um diese Probleme zu vermeiden, können Sie unter Windows jedem Programm einen Pfad zu den dazugehörenden DLLs zuordnen. Das ist praktisch, denn häufig verwenden Programme zwar dieselben DLLs, funktionieren aber nur mit unterschiedlichen Versionen dieser DLLs.

Mit der nachfolgenden Registry-Einstellung können Sie von DLLs verschiedene Versionen auf Ihren Systemen bereitstellen, damit diese sich nicht „ins Gehege" kommen:

1   Wechseln Sie zum Schlüssel ❶ HKEY_LOCAL_MACHINE\ SOFTWARE\Microsoft\Windows\ CurrentVersion\App Paths.

2   Unter diesem Schlüssel finden Sie die ❷ Programmnamen und im rechten Fensterteil den Pfad zum jeweiligen Programm bzw. die Pfade zu den dazugehörigen DLLs.

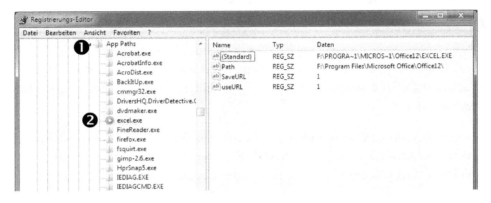

Hier finden Sie Angaben zur DLL und Programm.

Eintrag	Erklärung
Standard	Beinhaltet den Pfad und den Namen zum Programm.
Path	Enthält den Pfad oder, durch Semikolon getrennt, die Pfade zu den benötigten DLLs.

Hier finden Sie die zum Programm gehörenden DLLs.

Tipp! Sollte der Schlüssel für das jeweilige Programm fehlen, legen Sie ihn mit dem Namen der EXE-Datei neu an: **Bearbeiten – Neu – Schlüssel**. Geben Sie anschließend unter dem Eintrag (Standard) den Namen des ausführbaren Programms mit vollständiger Pfadangabe an. Erstellen Sie nun mit **Neu – Zeichenfolge** einen neuen Eintrag **Path** und geben Sie hier den Pfad zu den dazugehörenden DLLs an. Sie können hierbei auch mehrere Pfade, getrennt durch Semikolon, angeben.

So entfernen Sie gelöschte Programme aus der Softwareliste

In der Systemsteuerung werden Ihnen unter **Programme** alle  installierten Anwendungen angezeigt.

Name	Herausgeber	Installiert am
Adobe Acrobat 8 Standard - English, Français, Deutsch	Adobe Systems	26.11.2009
Adobe Flash Player 11 ActiveX	Adobe Systems Incorporated	12.08.2013
Adobe InDesign 2.0	Adobe Systems, Inc.	26.11.2009
Adobe SVG Viewer 3.0	Adobe Systems, Inc.	26.11.2009
ATI Catalyst Install Manager	ATI Technologies, Inc.	01.04.2010

In der Systemsteuerung finden Sie die installierten Programme.

Ist die Deinstallation eines Programms nicht ordnungsgemäß erfolgt, kann es sein, dass Windows die Anwendung dort immer noch aufführt, obwohl sie nicht mehr vorhanden ist.

Das kann passieren, wenn Sie die Dateien einer Anwendung über den Explorer gelöscht haben oder die Deinstallationsroutine mit einem Fehler abgebrochen wurde. Einen solchen fehlerhaften Software-Eintrag können Sie aber durch einen kleinen Eingriff in der Registry schnell entfernen:

1   Navigieren Sie zum Schlüssel HKEY_LOCAL_MACHINE\SOFTWARE\ Microsoft\Windows\CurrentVersion\Uninstall.

2   Jeder Unterschlüssel steht hier für ein Programm, das in der System-steuerung unter Programme angezeigt wird.

3   Suchen Sie nach dem Namen der Anwendung und klicken Sie darauf.

4   Meist trägt der jeweilige ❷ Unterschlüssel den gleichen Namen wie der Eintrag in der Softwareliste.

5   Um ganz sicher zu gehen, doppelklicken Sie im rechten Fenster auf den
     Eintrag **DisplayName**. Dieser enthält exakt die Bezeichnung der
     Anwendung, die in der Programmliste angezeigt wird.

6   Nachdem Sie en korrekten Registrierungsschlüssel für das Programm
     identifiziert haben, klicken Sie ihn mit der rechten Maustaste an.
     Anschließend klicken Sie im Kontextmenü auf den Eintrag ❸ **Löschen**.

7   Vergewissern Sie sich, dass die Anwendung unter Programme in der
     Systemsteuerung nicht mehr angezeigt wird.

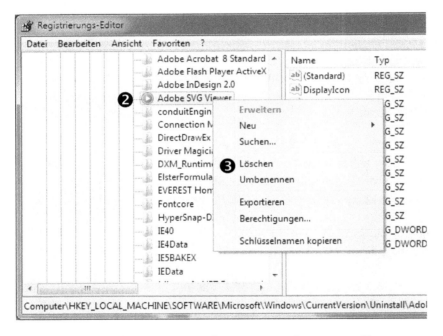

So entfernen Sie die Einträge in der Programmliste manuell.

Profi-Tools zur Fehleranalyse und Datenrettung

Die Suche nach Konfigurations- oder Hardware-Fehlern ist oft eine komplexe und zeitraubende Angelegenheit, die Sie ohne Analyse-Tools kaum bewerkstelligen können. Falls Ihr PC noch startet, können Sie die Tools auf den nachfolgenden Seiten zur wirksamen Fehler-Analyse und Datenrettung einsetzen.

Und das Beste: Gute Analyse-, Reparatur- und Datenrettungs-Tools müssen nicht teuer sein. Alle nachfolgend vorgestellten Werkzeuge sind Freeware und kosten Sie daher nichts. Dabei stehen diese Programme den meisten teuren Vollversionen in nichts nach.

So holen Sie gelöschte Dateien aus dem Papierkorb

Ein Klick mit der Taste <**Entf**> und die markierte Datei im Windows-Explorer oder im Datei-Menü eines Programms wird gelöscht und in den Papierkorb von Windows verschoben. Aus dem Papierkorb können Sie die verschobenen Dateien problemlos wiederherstellen oder sie auch endgültig löschen:

1 Um eine Datei aus dem Papierkorb wiederherzustellen, klicken Sie das Symbol **Papierkorb** auf dem Desktop zweimal kurz hintereinander mit der Maus an.

2 Markieren Sie die gewünschte ❶ Datei oder Dateigruppe.

So stellen Sie gelöschte Dateien aus dem Papierkorb wieder her.

3   Klicken Sie das betreffende Objekt mit der rechten Maustaste an und
     wählen Sie aus dem Kontextmenü den Eintrag ❷ **Wiederherstellen**.

Tipp! Sollte bei der Arbeit mit Dateien, beispielsweise mit dem Windows-
Explorer mal etwas „schief gehen" – kein Grund zur Besorgnis. Fast alle
Windows-Tools und -Programme sind mit einer UNDO-Funktion ausgestattet,
mit der sich sämtliche durchgeführten Operationen in mehreren Stufen
rückgängig machen lassen.

Mehrere Stufen bedeutet: Wenn Sie beispielsweise zuerst eine Datei gelöscht
und dann eine weitere Datei in einen anderen Ordner verschoben haben,
müssten Sie die Schaltfläche **Rückgängig** zweimal betätigen, um die Lösch-
und die Verschiebeoperation rückgängig zu machen. Durch das Drücken von
<**Strg**>+<**Z**> wird die UNDO-Funktion in fast allen Windows-Tools und
-Programmen ausgelöst.

Gelöschte Dateien sind noch auf der Festplatte vorhanden

Ist eine gelöschte Datei auch aus dem Papierkorb entfernt worden, kann sie
mit den Bordmitteln von Windows nicht wiederhergestellt werden. Sie müssen
diese Datei dennoch nicht verloren geben. Es gibt Hilfsprogramme, die
gelöschte Dateien rekonstruieren können.

Diese Programme machen sich zunutze, wie Windows Dateien löscht. Beim
Löschen bleiben die Daten, die in dieser Datei gespeichert sind, zunächst
erhalten. Windows markiert lediglich den Speicherplatz, den die gelöschte
Datei belegt, als frei. Solange dieser Speicherplatz nicht durch neue Daten
überschrieben wurde, lässt sich die gelöschte Datei wiederherstellen.

Wie sicher sich endgültig gelöschte Dateien wiederherstellen lassen, hängt
von verschiedenen Faktoren ab:

- Wie viel Zeit ist seit dem Löschen vergangen? Je länger das Löschdatum zurückliegt, desto wahrscheinlicher hat Windows den Speicherplatz bereits anderweitig vergeben und die Daten sind unwiederbringlich verloren.

- Wie groß ist die wiederherzustellende Datei? Die Rettungsaussichten sind bei kleinen Dateien wesentlich besser als bei großen Dateien.

- Haben Sie nach dem Löschen der Datei eine Defragmentierung gestartet? Dann sind Sektoren der gelöschten Datei womöglich verschoben worden und nicht mehr zu retten.

Retten Sie gelöschte Daten mit Recuva

Haben Sie wichtige Dateien aus Versehen gelöscht und den Papierkorb bereits geleert, kann sie in dieser Situation das Datenrettungs-Tool **Recuva** (www.piriform.com/recuva) retten.

Die Wiederherstellung funktioniert mit Medien aller Art, ob MP3-Player, USB Stick, Memory Card oder Festplatte. Dazu durchsucht das Tool nach dem Starten des Programms voreingestellt das Laufwerk C:.

Um gelöschte Dateien wiederherzustellen, gehen Sie wie folgt vor:

1   Folgen Sie nach dem Start dem Assistenten mit einem Klick auf **Weiter**.

2   Wählen Sie die ❶ gelöschten Dateien aus, welche Sie wiederherstellen möchten. Die mit einem grünen Punkt gekennzeichneten Dateien, können ohne Probleme wiederhergestellt werden. Ein roter Punkt deutet auf teilweises Überschreiben der Datei hin.

3   Betätigen Sie die Schaltfläche ❷ **Wiederherstellen**, um die Dateien anschließend im ❸ ausgewählten Ordner zu speichern.

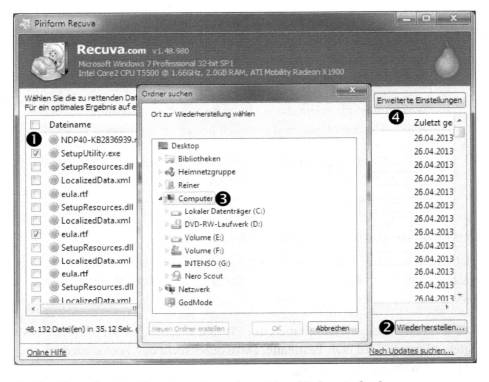

Stellen Sie gelöschte Dateien mit wenigen Mausklicks wieder her.

Tipp! Um das Laufwerk selbst auszuwählen, auf dem sich die gelöschten Dateien befinden, klicken Sie auf die Schaltfläche ❹ **Erweiterte Einstellungen**. Klicken Sie oben in der Leiste auf das entsprechende Laufwerk und auf **Scan**.

Hinweis: Installieren Sie nach einem Datenverlust kein Programm auf dem Datenträger, wo sich die gelöschten Dateien befi den. Das Datenrettungs-Tool sollten Sie am besten schon vor der Wiederherstellung Ihrer Daten installieren. Dadurch reduzieren Sie die Gefahr, dass Daten durch die Installation des Programms selbst überschrieben werden.

Setzen Sie im Notfall einen zweiten Datenretter ein

Falls **Recuva** die gelöschte Datei nicht anzeigt, sollten Sie das Tool **Directory Snoop** (www.briggsoft.com/dsnoop.htm) einsetzen. Das Rettungs-Programm stellt wie **Recuva** Daten wieder her, die von der Festplatte gelöscht wurden – sei es irrtümlich oder infolge eines Virenbefalls, einer Deinstallations-Routine oder fehlerhafter Software.

Das Tool kann NTFS- und FAT-Dateisysteme bearbeiten. In NTFS sind die meisten Windows-Laufwerke formatiert. Das FAT-Dateisystem ist auf USB-Sticks bzw. Einsteckkarten für Digitalkameras üblich. Im nachfolgenden Beispiel soll eine Datei gerettet werden, die versehentlich auf einem Windows-Laufwerk (NTFS) gelöscht wurde.

Um die Daten mit diesem Programm zu rekonstruieren, gehen Sie wie folgt vor:

1 Doppelklicken Sie auf das Desktop-Symbol **DS-NTFS** oder aktivieren Sie das Programm über den Startknopf durch einen Klick auf **NTFS Modules**.

2 Klicken Sie auf **OK**, damit können Sie das Programm 25-mal kostenlos benutzen.

3 Wählen Sie das ❶ Laufwerk aus, auf dem sich Ihre gelöschten Dateien befinden. Installieren Sie dafür ggf. im nächsten Fenster den angebotenen Treiber.

4 Doppelklicken Sie auf den Ordner, der die gelöschten Dateien enthält. Alle gelöschten Dateien werden in roter Farbe angezeigt.

5 Um die Dateien wiederherzustellen, ❷ markieren Sie diese und klicken auf die Schaltfläche ❸ **Undelete**.

6   Wählen Sie den Ordner aus, in dem die ausgewählten Dateien gespeichert
     werden sollen, und klicken Sie auf **Speichern**.

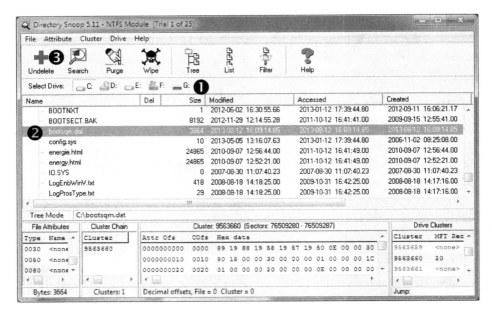

Setzen Sie im Notfall einen zweiten Datenretter ein.

Wie Sie mit TestDisk eine Partition wiederherstellen

Wenn ein logisches Laufwerk nach einem Systemcrash oder durch einen Virus
plötzlich nicht mehr angezeigt wird, stellen Sie es mit **TestDisk**
(www.cgsecurity.org) wie folgt wieder her:

1   Klicken Sie auf **Create** und drücken Sie <**Return**>.

2   Wählen Sie die ❶ Festplatte aus und drücken Sie <**Return**>.

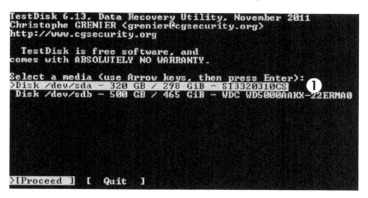

Bestimmen Sie das Laufwerk, das durchsucht werden soll.

Hinweis: Da das Tool OpenSource ist und daher nicht nur für Windows entwickelt wird, werden die Festplattenbezeichnungen entsprechend der Linux-Darstellung angezeigt. Die erste Festplatte wird mit **sda** bezeichnet, die zweite mit **sdb** usw.

3   Wählen Sie im zweiten Schritt die Rechnerarchitektur aus. Wenn Sie einen Windows-Rechner einsetzen, behalten Sie die voreingestellte Option **Intel** bei und drücken <**Return**>.

4   Drücken Sie erneut <**Return**>, um die Option **Analyse** auszuwählen.

5   Anschließend drücken Sie wieder <**Return**>, um das nächste Bildschirm-Menü anzuzeigen.

6   Drücken Sie die Taste <**Y**>. Anschließend werden Ihnen alle ❷ gefundenen Partitionen und logischen Laufwerke auf der betreffenden Festplatte angezeigt, auch die gelöschten. Das reicht bei Fehlern im MBR und der Partitionstabelle oft schon aus, um die Partition bzw. das logische Laufwerk wiederherzustellen.

```
TestDisk 6.13, Data Recovery Utility, November 2011
Christophe GRENIER <grenier@cgsecurity.org>
http://www.cgsecurity.org

Disk /dev/sda - 320 GB / 298 GiB - CHS 38914 255 63
      Partition              Start          End      Size in sectors
 * HPFS - NTFS          ②       0   1   1    12 223 19     206785 [Volume]
>P HPFS - NTFS                 12 223 20  19518  44 31   313352625
 P Linux                      19518  70  9  38395 145 22  303263744
 L Linux Swap                 38395 177 55 38913  69 52    8314864
```

*Wird die gelöschte Partition bzw. das logische Laufwerk hier angezeigt, wird
es automatisch wiederhergestellt.*

7   Wechseln Sie mit einem Druck auf <Q> für **Quit** in die Übersicht.

8   Wählen Sie durch das Drücken der Pfeiltaste nach rechts die Option
     Write aus und drücken Sie <**Return**>.

9   Bestätigen Sie mit <Y> den Sicherheitshinweis, dass die Partitionstabelle
     neu geschrieben wird.

10   Anschließend wählen Sie zweimal hintereinander die Option **Quit** aus und
     starten Ihr System neu. Die gelöschte Partition ist anschließend
     wiederhergestellt.

Schützen Sie sich gegen den Daten-GAU bei unlesbaren CDs/DVDs

Auch an digitalen Datenträgern wie DVDs und CDs nagt irgendwann der
Zahn der Zeit, was dazu führt, dass diese nur noch teilweise oder gar nicht
mehr gelesen werden können. Aber nicht nur materialbedingte Alterung,
sondern auch falsche Lagerung und unsachgemäßer bzw. starker Gebrauch
können dazu beitragen, dass Sie plötzlich nicht mehr auf Ihre auf CD/DVD
gespeicherten Daten zugreifen können.

Wenn Sie schon vor dem Auftreten derartiger Schäden auf Nummer sicher
gehen möchten, sollten Sie mit dem **dvdisaster** (http://dvdisaster.net/en/
index.html) eine Fehlerkorrekturdatei anlegen. Mit dieser können Sie Ihre

wertvollen Daten im Schadensfall ruckzuck rekonstruieren und auf einem neuen Datenträger sichern.

Die Fehlerkorrekturdatei können Sie getrennt vom jeweiligen Datenträger aufbewahren oder mit auf den entsprechenden Rohling brennen. Anhand dieser Zusatzinformationen kann **dvdisaster** in den meisten Fällen die Daten von defekten CDs/DVDs wiederherstellen. Ausgenommen sind Video-CDs/DVDs, diese können mit dem Tool nicht gerettet werden.

Um mit **dvdisaster** eine Fehlerkorrekturdatei anzulegen, gehen Sie folgendermaßen vor:

1   Legen Sie nach dem Start des Programms die CD/DVD in das Laufwerk ein, von der Sie eine Fehlerkorrekturdatei erstellen wollen.

2   Wählen Sie ❶ hier das Laufwerk aus, das die CD/DVD enthält.

3   Klicken Sie auf diese ❷ Schaltfläche, um den Ordner für die Fehlerkorrekturdatei auszuwählen. Sie können es aber auch hier bei den Standardeinstellungen belassen.

4   Klicken Sie dann auf die Schaltfläche ❸ **Lesen**, um eine Image-Datei von der CD/DVD anzulegen.

5   Ob das Auslesen der Daten erfolgreich war, wird Ihnen ❹ hier angezeigt. Ist alles im „grünen Bereich", dann konnte die CD/DVD vollständig gelesen werden. Rote Markierungen zeigen Ihnen Schäden an der CD/DVD an.

6   Klicken Sie nun auf ❺ **Erzeugen**, um die Fehlerkorrekturdatei anzulegen.

7   Anschließend werden Sie über den Fortschritt der Aktion informiert.

Erstellen Sie eine Fehlerkorrekturdatei – bevor ein Schaden an der CD/ DVD auftritt.

Tipp! Die Fehlerkorrekturdatei benötigt ungefähr 15 % des Speicherplatzes der Originaldatei, also bei einer CD um die 100 MByte und bei einer DVD zirka 700 MByte. Diese Größenordnung ist natürlich nicht unerheblich, lohnt sich aber bei wichtigen Daten auf jeden Fall.

Im Fehlerfall erstellen Sie mithilfe der Fehlerkorrekturdatei und der beschädigten CD/DVD dann eine korrekte Image-Datei, die Sie anschließend auf CD/DVD brennen können:

1   Falls die Wiederherstellung notwendig wird, legen Sie die beschädigte
    CD/DVD ein und wählen ggf. den ❻ Speicherort und den Namen der
    Fehlerkorrekturdatei aus.

114

2   Klicken Sie auf ❼ **Reparieren**. Das Tool versucht nun, so viele Daten
     wie möglich zu erkennen.

3   Verfolgen Sie den Fortschritt der Wiederherstellung. Während der
     Wiederherstellung sind Phasen hoher Festplattenaktivität normal. Wenn
     die Image-Datei erfolgreich wiederhergestellt wurde, können Sie diese auf
     einen CD-/DVD-Rohling brennen.

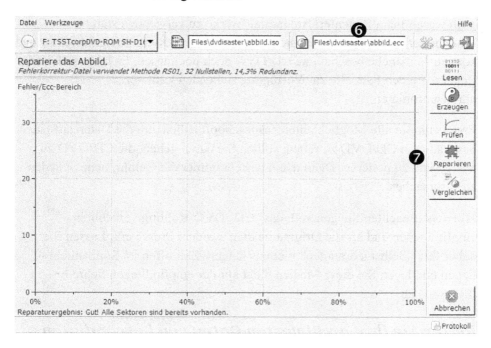

Stellen Sie beschädigte CDs/DVDs mit nur einem Mausklick wieder her.

Tipp! Selbst ohne die vorbeugende Anlage einer Fehlerkorrekturdatei kann
dvdisaster die Daten einer defekten CD/DVD oftmals zumindest noch
teilweise retten. Anhand eines speziellen Algorithmus versucht das Programm
in einem derartigen Fall, so viele Daten wie möglich von einem defekten
Datenträger zu lesen. Nicht mehr lesbare Sektoren sind allerdings verloren.

Außerdem lohnt es sich bei leicht beschädigten CDs/ DVDs immer, diese in verschiedenen Laufwerken auszutesten, bevor diese endgültig im Papierkorb landen. Denn für das korrekte Einlesen eines Datenträgers sind auch die Fehlerkorrekturqualitäten des jeweiligen Laufwerks wichtig.

Manche Laufwerke kommen mit Kratzern gut zurecht. Andere sind Spezialisten darin, schlecht gebrannte Medien zu entziffern, und wieder andere verstehen sich besonders gut auf beschädigte Audio-CDs. Oft ist es auch wesentlich effizienter, Brennerlaufwerke zu verwenden statt reine Lesegeräte. Brennerlaufwerke haben nämlich eine bessere Fehlerkorrektur und können so manche beschädigte CD/DVD doch noch lesen. Es lohnt sich in der Regel auf jeden Fall, alle zur Verfügung stehenden Laufwerke durchzuprobieren.

Erst wenn Sie alle Möglichkeiten ausgeschöpft haben, um die Daten auf einer beschädigten CD/DVD zu retten, sollten Sie daran gehen, die CD/DVD zu putzen und zu polieren. Denn dabei besteht immer die Gefahr, neue Schäden zu verursachen.

Hinweis: Beachten Sie generell, dass CD-/DVD-Rohlinge erheblich empfindlicher sind als die Originalmedien aus dem Presswerk. Lassen Sie daher Ihre „Selbstgebrannten" niemals längere Zeit offen im Sonnenlicht liegen und legen Sie diese Medien nicht auf der empfindlichen Schreib-/Leseseite ab.

Retten Sie Ihre archivierten Daten von beschädigten CDs/DVDs

Nicht nur Kratzer führen dazu, dass sich DVDs und CDs irgendwann nicht mehr fehlerfrei auslesen lassen. Auch der Zahn der Zeit nagt an diesen Medien. Treten dann irgendwann Lesefehler auf, gilt es, einen kühlen Kopf zu bewahren. Mit ein paar Tricks und dem Rettungs-Tool **IsoBuster** (www.isobuster.com/de/isobusterdownload.php) haben Sie gute Chancen, verlorene Datenschätze zu bergen.

Profi-Tools zur Fehleranalyse und Datenrettung

Im Gegensatz zu Windows bricht **IsoBuster** nicht bei jedem gefundenen Kratzer den Lesevorgang einfach ab. Mit diesem Tool können Sie daher die noch lesbaren Dateien auf einer beschädigten CD/DVD finden und auf Ihrer Festplatte speichern.

Seit Längerem ist das Tool leider keine Freeware mehr. Funktionen, die schon vor der Version 1.0 eingebaut waren, sind allerdings auch unregistriert weiter unbegrenzt nutzbar. Wenn Ihnen das reicht, klicken Sie bei der Frage nach der Registrierung einfach auf **Später erinnern**.

Und so retten Sie mit **IsoBuster** Ihre wertvollen Daten von einer beschädigten CD/DVD:

1 Legen Sie die CD/DVD in das entsprechende Laufwerk ein.

2 Warten Sie ab, bis der Inhalt des Mediums eingelesen wurde und anzeigt wird.

3 Wenn Sie die Verzeichnisse und Dateien sehen, die Sie retten wollen, wählen Sie die ❶ Daten aus und aktivieren Sie das Kontextmenü mit einem Klick mit der rechten Maustaste.

4 Klicken Sie dann im Kontextmenü auf den ❷ **Extrahieren**-Eintrag.

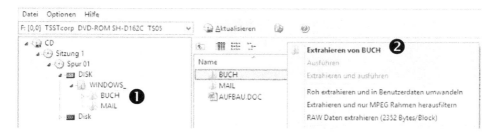

Stellen Sie mit diesem Tool verloren geglaubte Daten wieder her.

5   Geben Sie den Ordner an, in dem Sie die Datei/das Verzeichnis speichern wollen, und klicken Sie auf **OK**. Damit ist die ausgewählte Datei bzw. das Verzeichnis wiederhergestellt.

Tipp! Wenn Sie die zu rettenden Dateien nicht sehen können, ist meistens das Inhaltsverzeichnis der CD/DVD defekt. Sie sehen dann beispielsweise nur einzelne Sessions mit einen oder mehreren Tracks, aber keine Dateien. In diesem Fall sollten Sie die Such-Funktion verwenden.

So suchen Sie nach verlorenen Dateien und Ordnern:

1   Klicken Sie mit der rechten Maustaste auf die Session, in der die Daten gespeichert waren. Üblicherweise handelt es sich dabei um die letzte oder gar einzige Session, z. B. auf einem RW-Medium.

2   Wählen Sie aus dem Kontextmenü den Eintrag ❸ **Verlorene Dateien und Ordner suchen**.

3   Anschließend fragt das Tool, ob von einer IBP-Image-Datei erstellt werden soll. Beantworten Sie die Frage mit einem Klick auf ❹ **Ja**.

Tipp! Bei schlechten oder beschädigten Medien, die schwer zu lesen sind, kann die Analyse sehr lange dauern. Durch das Erzeugen einer IBP-Image-Datei lassen sich alle Daten in eine spezielle Datei auf Ihrer Festplatte oder im Netzwerk übertragen. Dieser Vorgang lohnt sich, da danach die Zugriffszeiten bis zu hundertmal schneller sind als die auf die CD/DVD.

4   Wurde der Analyseprozess abgeschlossen, hat das Tool mit etwas Glück verlorene und/oder gelöschte Dateien und Ordner gefunden.

5   Klicken Sie die betreffende Datei oder den betreffenden Order mit der rechten Maustaste an und speichern Sie diese/diesen mit einem Klick auf **Extrahieren** auf Ihre Festplatte.

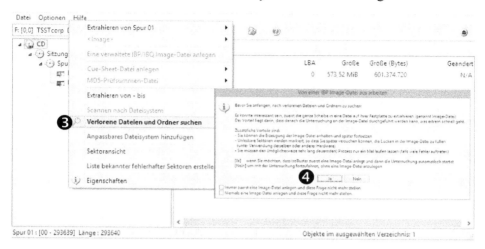

Auch wenn Dateien und Ordner zuerst nicht angezeigt werden, kann dieses Tool sie oft doch noch retten.

Tipp! Um mehrere Dateien/Ordner auf einmal zu extrahieren, halten Sie (wie bei Windows üblich) die Taste <**Shift**> gedrückt und klicken Sie dann auf den ersten sowie auf den letzten Datei-/Ordnereintrag. Um mehrere nicht aufeinanderfolgende Dateien zu markieren, halten Sie beim Markieren die Taste <**Strg**> gedrückt.

Lassen Sie sich vor drohenden Festplattenstörungen warnen

Fällt Ihre Festplatte plötzlich aus, gehen meist unwiderruflich Daten verloren. Regelmäßiges Sichern Ihrer Daten ist hier das Mittel der Wahl. Zumindest die nach der letzten Sicherung neu hinzugekommenen Daten sind nach einem Festplatten-Crash häufig für immer verloren. Lediglich Spezialunternehmen können Ihre Daten dann noch retten.

Damit genau dieser Fall nicht eintritt, haben die Hersteller mit S.M.A.R.T. ein Frühwarnsystem entwickelt, das Sie mit **CrystalDiskInfo** (http://crystalmark.info/?lang=en) auslesen können.

1   Das Programm bewertet den ❶ Gesundheitszustand Ihrer Festplatte.

2   Unterhalb bekommen Sie die ❷ Temperatur der Festplatte angezeigt.

3   Beachten Sie die ❸ S.M.A.R.T.-Attribute im unteren Bereich. Diese geben Auskunft über den Gesundheitszustand der Festplatte.

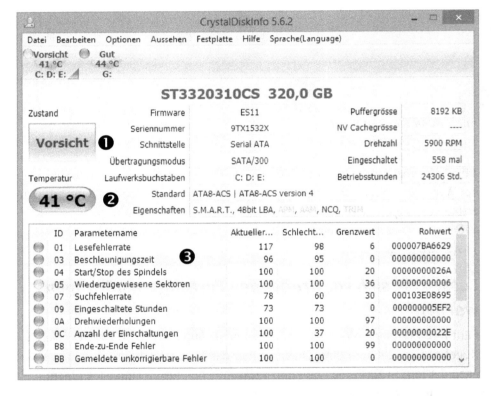

Nähere Informationen über den Gesundheitszustand Ihrer Festplatte bekommen Sie im unteren Bereich angezeigt.

4 Ob ein S.M.A.R.T.-Parameter konkreten Grund zur Sorge gibt, lässt sich aus den Spalten **Aktueller Wert**, **Schlechtester Wert** und **Grenzwert** ablesen.

5 Bis auf wenige Ausnahmen gilt hier: Je höher der Wert in der Spalte **Aktueller Wert** ausfällt, desto besser ist es um den jeweiligen Parameter beziehungsweise um die „Fitness" der Festplatte bestellt. Die Spalte **Schlechtester Wert** protokolliert jeweils den schlechtesten zur Laufzeit der Platte ermittelten Messwert.

6 Die Spalte **Grenzwert** nennt Ihnen den unteren Grenzwert.

Hinweis: Liegen Schlechtester Wert- und Grenzwert-Werte dicht beieinander, ist es um den Zustand Ihrer Festplatte nicht gut bestellt.

7 Manche der ❹ S.M.A.R.T.-Attribute warnen Sie schon lange vor einem drohenden Ausfall der Festplatte. Diese finden Sie nachfolgend vorgestellt.

❺	ID	Parametername ❹	Aktueller...	Schlecht...	Grenzwert
●	01	Lesefehlerrate	117	98	6
●	03	Beschleunigungszeit	96	95	0
●	04	Start/Stop des Spindels	100	100	20
○	05	Wiederzugewiesene Sektoren	100	100	36
●	07	Suchfehlerrate	78	60	30
●	09	Eingeschaltete Stunden	73	73	0
●	0A	Drehwiederholungen	100	100	97
●	0C	Anzahl der Einschaltungen	100	37	20
●	B8	Ende-zu-Ende Fehler	100	100	99
●	BB	Gemeldete unkorrigierbare Fehler	100	100	0

Analysieren Sie die S.M.A.R.T.-Attribute und schützen Sie sich so vor einem drohenden Ausfall der Festplatte.

8   Ein **❺** blauer Punkt signalisiert alles OK.

9   Ein gelber oder roter Punkt warnt Sie vor einem möglichen
     Festplattenfehler.

Hinweis: S.M.A.R.T.-Attribute stehen nur für direkt an das Motherboard,
nicht aber per USB, angeschlossene Festplatten zur Verfügung.

Nachfolgend die wichtigsten S.M.A.R.T.-Attribute:

S.M.A.R.T.-Attribut	Gefahr	Beschreibung
Aktuell schwebende Sektoren	Ja	Wenn beim Schreiben der Daten ein Fehler auftritt, wird der betroffene Sektor markiert und überwacht – er ist dann sozusagen „schwebend". Wiederholt sich der Fehler beim nächsten Schreibversuch nicht, wird der Sektor wieder normal verwendet.
Anzahl ausstehender Sektoren	Nein	Anzahl der Sektoren, die auf eine Neuzuweisung warten.
Eingeschaltete Stunden	Nein	Anzahl der Stunden im eingeschalteten Zustand.
Einschalt-vorgänge	Nein	Anzahl der Einschaltvorgänge.
Lesefehlerrate	Ja	Gibt Aufschluss über die Häufigkeit von Lesefehlern. Bei Werten nahe dem Grenzwert ist höchste Vorsicht geboten. Ein von Null verschiedener Wert deutet auf ein Problem mit der Plattenoberfläche hin.

Profi-Tools zur Fehleranalyse und Datenrettung

S.M.A.R.T.-Attribut	Gefahr	Beschreibung
Schreibfehlerrate	Ja	Anzahl der Fehler beim Schreiben. Werte größer Null signalisieren ein Problem mit der Festplattenoberfläche. Der Datenträger sollte mit dem Support-Tool des Herstellers überprüft werden. Meldet das Hersteller-Tool einen Festplattendefekt, sollte die Festplatte ausgetauscht werden.
Start/Stopp der Festplatte	Nein	Anzahl der Start-/Stopp-Vorgänge eines Laufwerks. Deutet auf Abnutzung hin, da dieser Vorgang Festplatten am stärksten belastet.
Startzeit	Ja	Durchschnitt der Startzeit in Sekunden. Werte nahe dem Grenzwert deuten auf einen drohenden Ausfall des Spindelmotors oder auf einen Lagerschaden hin.
Suchfehlerrate	Ja	Positionierungsfehler der Festplattenköpfe. Hohe Werte sind ein Indikator für Beschädigungen der Stellmechanik, des Servo-Motors oder für eine Überhitzung des Laufwerks.
Temperatur	Ja	Temperatur des Laufwerks. Die zulässige Betriebstemperatur liegt meist im Bereich von 30 bis 40 Grad Celsius. Jedes Grad mehr erhöht die Ausfallwahrscheinlichkeit um zwei bis drei Prozent.

S.M.A.R.T.-Attribut	Gefahr	Beschreibung
Ultra-DMA CRC-Fehlerrate	Nein	Anzahl der aufgetretenen CRC-Fehler. Ursache können defekte Kabel, verschmutzte Kontakte oder fehlerhafte Festplattentreiber sein.
Unkorrigierbare Sektoren	Ja	Die Gesamtzahl von nicht korrigierbaren Fehlern beim Lesen oder Schreiben eines Sektors. Ein Anwachsen dieses Wertes könnte auf einen Defekt der Plattenoberfläche oder auf mechanische Probleme hinweisen.
Wiederzugewiesene Sektoren	Ja	Stellt die Festplatten-Firmware fest, dass Sektoren beschädigt sind, lagert sie die Daten in Reservesektoren aus. Ein Wert nahe dem Grenzwert deutet darauf hin, dass der Festplatte die Reservesektoren ausgehen.

Hinweis: Die Zahl der protokollierten S.M.A.R.T.-Attribute fällt von Hersteller zu Hersteller der Festplatten unterschiedlich aus und schwankt zwischen 15 Attributen bei einigen Western-Digital-Festplattenmodellen bis hin zu 20 und mehr Attributen wie beispielsweise bei Notebookplatten von Fujitsu.

Ermitteln Sie Fehler im Dateisystem

Sollten Sie Fehlermeldungen angezeigt bekommen, die das Dateisystem betreffen, sollten Sie die Dateisystemüberprüfung von Windows aktivieren. Zusätzlich sollten Sie mit dem Festplatten-Dienstprogramm **HD Tune** (www.hdtune.com) Ihre Festplatte untersuchen. SSD-Festplatten werden ebenfalls unterstützt.

Profi-Tools zur Fehleranalyse und Datenrettung

Das Tool zeigt Ihnen Infos zu Partitionen, Firmware-Version, Seriennummer, Speicherplatz, Transferrate, Zugriffszeit, CPU-Auslastung, Burst-Rate, S.M.A.R.T.-Informationen, Partitionsinformationen, Firmware-Version, Seriennummer, Kapazität, Buffer-Größe, Transfer-Mode und Festplattentemperatur.

1   Über das Register ❶ **Benchmark** und einen Klick auf **Start** prüft das Tool die Leistungsfähigkeit Ihrer Festplatte. Außerdem zeigt das Programm rechts in der Taskleiste die Temperatur an.

2   Zusätzlichen Aufschluss über die Lesegeschwindigkeit Ihrer Festplatte gibt Ihnen die Anzeige **Transfer Rate**. Aktuelle Festplatten sollten eine maximale ❷ Datenübertragungsrate von 100 MByte/sec leisten.

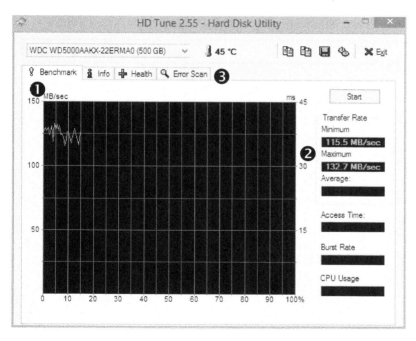

Analysieren Sie die Leistungsfähigkeit Ihrer Festplatte.

3   Klicken Sie auf **Stop**, um als Nächstes einen Fehlertest zu starten.

4   Um nach Fehlern auf Ihrer Festplatte zu suchen, klicken Sie auf das
    Register ❸ **Error Scan** und anschließend auf die Schaltfläche **Start**.

5   Sollte das Tool einen fehlerhaften Sektor finden, wird dieser rot
    gekennzeichnet. Ist alles in Ordnung, wird der Sektor grün markiert.

Prüfen und testen Sie Ihr System mit dem PC Wizard

Mit dem **PC Wizard** (www.cpuid.com) können Sie Ihr System analysieren
und erhalten ausführliche Informationen über Ihre Hardware, die installierte
Software sowie andere Komponenten, von Motherboard über Chipset, BIOS
und Peripherie bis zum Netzwerk.

Zusätzlich können Sie mit diesem Tool die Stabilität und Geschwindigkeit
Ihrer Hardware-Komponenten ausgiebig prüfen. Um beispielsweise Ihren
Arbeitsspeicher zu testen, klicken Sie auf ❶ **Benchmark** und anschließend
auf das ❷ Symbol **MEM**.

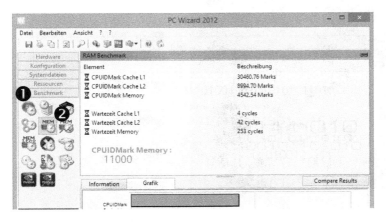

*Das Tool zeigt Ihnen alle Infos zu Ihrer Hardware, führt Benchmark- Tests
durch und vieles mehr.*

 **Tipp!** Das Tool bietet Ihnen unter dem Register **Hardware** außerdem eine gute ❸ Temperaturüberwachung für CPU, Motherboard und Festplatte.

Messen Sie die Temperatur und Spannungen mit diesem ausgezeichneten Analyse-Tool.

Alle aktuellen Motherboards und Festplatten sind dafür mit Messfühlern bestückt, die von Analyseprogrammen wie **PC Wizard** ausgelesen werden können:

1 Klicken Sie zum Auslesen der Werte auf das Symbol ❹ **Spannung, Temperatur und Lüfter**.

2 Das Tool bietet Ihnen eine genaue ❺ Temperaturüberwachung für CPU, Motherboard und Festplatte. Bei sporadischen Systemabstürzen sollten Sie damit zuerst die Temperatur Ihrer Hardware kontrollieren.

Das Tool zeigt Ihnen u. a. alle Infos zu Ihrer Hardware an.

127

Profi-Tools zur Fehleranalyse und Datenrettung

Ab diesen Temperaturen wird es kritisch im System:

- **CPU-Temperatur**: Wie warm eine CPU werden darf, hängt vom jeweiligen Fabrikat ab. Intel-CPUs bleiben beispielsweise meist etwas kühler als Prozessoren von AMD.

- **Festplatten-Temperatur**: Eine Temperatur von 40 Grad ist normal. Wird Ihre Festplatte allerdings wärmer als 50 Grad, sollten Sie einen Festplattenkühler installieren.

- **GPU-Temperatur**: Bei Temperaturen über 80 Grad ist es dringend erforderlich, die Kühlung der Grafikkarte zu verbessern.

- **Motherboard-Temperatur**: Eine Temperatur des Chipsatzes von etwa 35 bis 40 Grad ist normal. Wird das Motherboard wärmer als 50 Grad, kann das zur Instabilität Ihres Systems führen.

Decken Sie den Engpass im System auf

Wenn Sie auf der Suche nach einem hervorragenden Systemanalyseprogramm für Ihren PC oder Ihr Netzwerk sind, probieren Sie am besten **SiSoft Sandra Lite** (www.sisoftware.net) aus.

Dieses Tool bietet Ihnen über 60 Funktionen, mit denen Sie Ihr System ganz fix durchchecken können:

1   Im Register ❶ **Werkzeuge** finden Sie unter anderem Funktionen, um Ihr System einem **Burn-in-Test** zu unterziehen und einen Bericht zu erzeugen. Mit dem **Burn-in-Test** prüfen Sie Ihr System unter hoher Belastung.

2   Um beispielsweise die Leistung Ihres Systems zu verbessern, doppelklicken Sie auf das Symbol ❷ **Analyse und Hinweise zur Leistungsverbesserung**.

Profi-Tools zur Fehleranalyse und Datenrettung

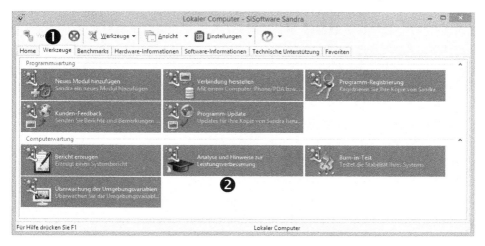

Das Tool bietet gute Tests, um Leistungsbremsen zu analysieren.

3 Klicken Sie dann viermal auf die Schaltfläche **Weiter** und abschließend auf die Schaltfläche **OK**.

4 Beachten Sie dabei besonders die Warnungen und Fehlerhinweise. Über diese können Sie so manche Schwachstelle in Ihrem System aufdecken und ausschalten.

5 Über das Register **Benchmarks** haben Sie Zugriff auf eine Vielzahl von Leistungstests.

6 Wenn Sie Details zu Ihren Komponenten wie Motherboard, Prozessor, Netzwerk benötigen, klicken Sie auf das Register **Hardware-Informationen**. Doppelklicken Sie dann auf die gewünschte Komponente.

7 Das Register **Software-Informationen** liefert Ihnen Informationen über die installierten Programme sowie die laufenden Prozesse und Dienste.

Tipp! Nähere Informationen über die einzelnen Module erhalten Sie über die detaillierte Online-Hilfe (<**F1**>) oder die Kontext-Hilfe (<**Shift**>+<**F1**>).

Datenrettung und Virenbeseitigung mit Rettungs-CD

Sicher haben auch Sie schon die leidvolle Erfahrung eines plötzlichen System-Totalausfalls und damit häufig einhergehendem Datenverlust gemacht. Um dann noch retten zu können, was zu retten ist, sollten Sie stets eine bootfähige Notfall-CD zur Hand haben.

Setzen Sie die Dr.Web LiveCD ein

Wenn Ihr PC wegen Malware nicht starten kann, können Sie die Funktionsfähigkeit des infizierten Systems mit der ❶ **Dr.Web LiveCD** (www.freedrweb.com/livecd) schnell wiederherstellen. Die CD hilft Ihnen, Ihr System von infizierten und verdächtigen Dateien zu befreien.

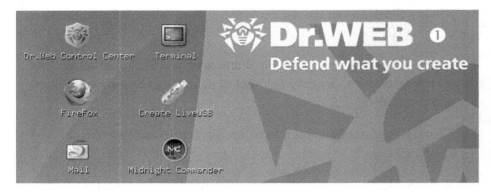

Testen Sie mit dieser CD den Arbeitsspeicher, entfernen Sie Viren und nutzen Sie die Zusatzprogramme.

Aktivieren Sie den Virenscanner

Nach der Auswahl der Option **Dr.Web LiveCD (Default)** startet voreingestellt der Virenscanner von Dr.Web.

1   Vorausgesetzt, es besteht eine Internetverbindung, wird die Virensignatur
    automatisch aktualisiert.

2   Klicken Sie auf das Register ❷ **Scanner**, um den Scan-Modus
    auszuwählen.

3   Klicken Sie auf ❸ **Full scan** (empfohlen), wenn Sie das gesamte System
    auf Virenbefall untersuchen möchten.

4   Klicken Sie auf ❹ **Custom scan**, wenn Sie einzelne Dateien oder Ordner
    untersuchen möchten.

5   Starten Sie den Virenscan durch einen Klick auf ❺ **Begin the scan**.

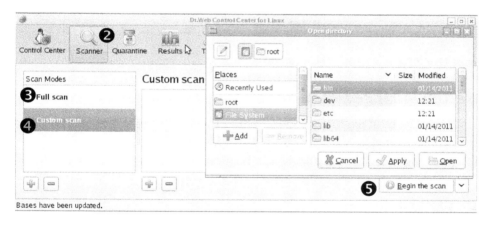

*Wählen Sie am besten **Full scan** und untersuchen Sie so bei Virenverdacht das
gesamte System.*

Tipp! Über **Tools – Settings** können Sie einstellen, wie der Scanner infizierte
Dateien behandeln soll. Sollte ein Virus erkannt werden, können Sie diesen
über einen Klick auf ❻ **Cure** (Reparieren) oder **Delete** (Löschen) entfernen.

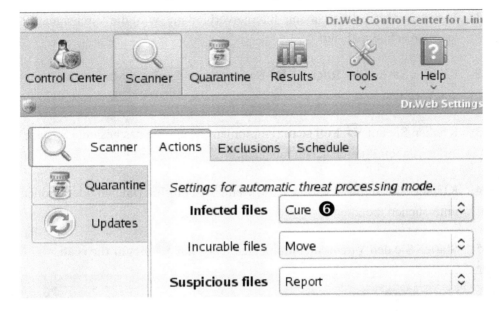

Konfigurieren Sie den Virenscanner.

Retten Sie Ihre Daten mit dem Dateimanager

Im Hauptmenü finden Sie den Dateimanager. Der **Midnight Commander** besitzt zwei unabhängige Fenster, in denen Sie durch das Dateisystem navigieren können. Damit können Sie im Fehlerfall die Daten von der Festplatte des havarierten Windows-Systems retten.

1 Mit der Taste <**Einfg**> können Sie Dateien markieren. Markierte Dateien können Sie mit der Taste <**F8**> löschen. <**F5**> kopiert Dateien in das aktuelle Verzeichnis des jeweils anderen Fensters, welches Sie mit der <**Tabulator**>-Taste aktivieren. Verschieben können Sie die Dateien mit der Taste <**F6**>.

2   Die mit einem vorangestellten **❼** Slash (/) gekennzeichneten Einträge
    sind Verzeichnisse. In diese wechseln Sie einfach durch Auswahl und
    Drücken von <**Return**>.

3   Eine Verzeichnisebene höher gelangen Sie durch Auswahl von /**...**

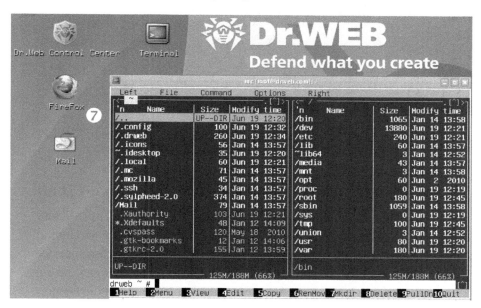

Mit dem Dateimanager haben Sie Ihre Dateien und Ordner im Griff.

Überprüfen Sie den Arbeitsspeicher auf Fehler

Wenn Ihr System trotz ausreichender Kühlung öfter abstürzt, könnte dies
einen Fehler im Arbeitsspeicher verursachen. Um den RAM zu prüfen, setzen
Sie am besten den integrierten Speichertest ein.

1   Wählen Sie nach dem Start der CD den Menüpunkt **❽ Testing Memory**
    und drücken Sie <**Return**>.

2   Starten Sie den RAM-Test und überprüfen Sie den Arbeitsspeicher auf Fehler. Lassen Sie den Test mindestens eine Stunde laufen.

3   Um den Speichertest zu beenden, drücken Sie <**Esc**>.

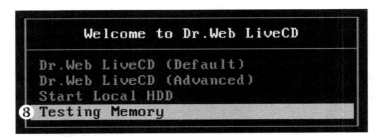

Analysieren Sie fehlerhaften Arbeitsspeicher mit dem integrierten RAM-Tester.

Setzen Sie bei Virenverdacht eine weitere Live-CD ein

Beim Verdacht auf Virenbefall sollten Sie eine zweite Live-CD einsetzen. Denn auch ein aktueller Virenscanner erkennt nur ca. 98 % der im Umlauf befindlichen Schadsoftware. Setzen Sie deshalb zusätzlich die **Kaspersky Rescue Disk** zur Virenerkennung und Beseitigung ein. Denn wenn die eine Rettungs-CD keine Lösung zur Virenbeseitigung bietet – kann die andere vielleicht doch noch in sonst aussichtslosen Situationen helfen.

Die **Kaspersky Rescue Disk** (http://support.kaspersky.com/de) durchsucht nach dem Start das komplette System, einzelne Laufwerke oder Verzeichnisse. Zusätzlich bietet die CD einen Dateimanager, mit dem Sie Daten retten, infizierte Dateien löschen oder Textdateien bearbeiten können. Für die Internetrecherche im Fehlerfall steht eine deutsche Version von Firefox bereit.

Um Ihr System auf Viren zu scannen, folgen Sie der nachfolgenden Schritt-für-Schritt-Anleitung:

Datenrettung und Virenbeseitigung mit Rettungs-CD

1 Starten Sie das System über die CD, drücken Sie eine beliebige Taste und wählen Sie die gewünschte Sprache aus.

2 Akzeptieren Sie die Lizenzbedingungen und wählen Sie für den Start den **Grafikmodus**. Sollte es damit Probleme geben, aktivieren Sie den **Textmodus**.

3 Anschließend werden die Laufwerke in das Dateisystem eingebunden und der Virenscanner gestartet.

4 Um die Virensignatur zu erneuern, klicken Sie auf das Register ❶ **Update** und klicken auf den Link **Update ausführen**.

Laden Sie die aktuellen Signaturen und testen Sie Ihr System auf Viren.

5   Nach dem Update wechseln Sie zurück auf das Register ❷
     Untersuchung von Objekten. Wählen Sie ggf. die zu durchsuchenden
     Laufwerke aus oder belassen Sie es bei der Voreinstellung, um das
     gesamte System zu prüfen.

6   Aktivieren Sie den Scan mit einem Klick auf ❸ **Computer auf Viren
     untersuchen.**

7   Lassen Sie sich abschließend durch einen Klick auf **Bericht**, die
     Suchergebnisse anzeigen.

Schützen Sie Ihr System vor versteckten Rootkits

Fast alle Trojaner und offen stehenden Hintertürchen lassen sich mit
herkömmlichen Antivirenprogrammen zuverlässig entdecken. Leider aber
eben nicht alle, denn immer öfter tarnen sich gefährliche Eindringlinge mit
einer Tarnkappe: Diese greifen tief in die Funktionen von Windows ein und
verschleiern dadurch ihre verbrecherischen Aktivitäten. Mit dem kostenlosen
Profi-Tool **RootKitRevealer** können Sie Ihr System überprüfen.

RootKitRevealer stammt übrigens von dem Mann, der die Plattenfirma Sony
in arge Erklärungsnöte brachte, als er entdeckte, dass sich der Sony-
Kopierschutz wie ein Rootkit im System einnistet. Welches Tool könnte sich
also besser eignen, um Ihren PC nach getarnten Schädlingen zu durchsuchen.

Um Ihr System auf Rootkits zu überprüfen, gehen Sie wie folgt vor:

1   Laden Sie sich das Live-System **grml** (http://grml.org/download) herunter
     und brennen Sie die Image-Datei auf eine CD.

2   Öffnen Sie nach dem Start ein Terminal mit einem Klick auf das ❶
     xterm-Symbol.

3 Vor einem Test sollten Sie ein Update der Virensignatur durchführen. Geben Sie dazu den ❷ Befehl **sudo rkhunter --update** <**Return**> ein. Um das --Zeichen einzugeben drücken Sie die Taste <ß>.

4 Mit dem Befehl **sudo rkhunter -c** <**Return**> starten Sie einen kompletten Systemscan.

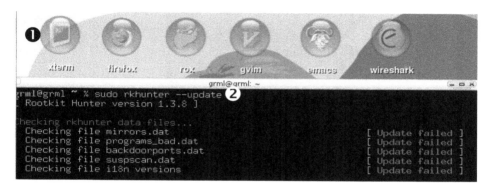

Laden Sie die neueste Virensignatur und testen Sie Ihr System.

Probleme mit Windows 8/8.1 effektiv lösen

Die Soforthilfelösungen und Tipps aus dem neuen Buch „**Windows 8 Troubleshooting und Tipps**" helfen sofort. Zusätzlich erhalten Privatperson kostenlose E-Mail-Hotline bei Windows 8-Störungen. Jetzt neu unter www.amazon.de für nur 9,90 € + **GRATIS-E-Mail-Hotline** inklusive.

Bezug: www.amazon.de.

www.amazon.de für nur 9,90 € + **GRATIS-E-Mail-Hotline** inklusive

www.ingramcontent.com/pod-product-compliance
Lightning Source LLC
Chambersburg PA
CBHW071214050326

40689CB00011B/2327